现代农村经济组织
与产业经营研究

王立娜 ◎ 著

吉林出版集团股份有限公司

图书在版编目（CIP）数据

现代农村经济组织与产业经营研究 / 王立娜著. —
长春：吉林出版集团股份有限公司，2024.5
ISBN 978-7-5731-4892-6

Ⅰ. ①现… Ⅱ. ①王… Ⅲ. ①农村经济－经济组织－
经营管理－研究 Ⅳ. ①F302

中国国家版本馆 CIP 数据核字（2024）第 079271 号

现代农村经济组织与产业经营研究

XIANDAI NONGCUN JINGJI ZUZHI YU CHANYE JINGYING YANJIU

著　者	王立娜
出版策划	崔文辉
责任编辑	侯　帅
封面设计	文　一
出　版	吉林出版集团股份有限公司
	（长春市福祉大路 5788 号，邮政编码：130118）
发　行	吉林出版集团译文图书经营有限公司
	（http://shop34896900.taobao.com）
电　话	总编办：0431-81629909　营销部：0431-81629880/81629900
印　刷	北京昌联印刷有限公司
开　本	787mm×1092mm　　1/16
字　数	210 千字
印　张	13
版　次	2024 年 5 月第 1 版
印　次	2024 年 5 月第 1 次印刷
书　号	ISBN 978-7-5731-4892-6
定　价	78.00 元

如发现印装质量问题，影响阅读，请与印刷厂联系调换。电话：010-82751067

前　言

随着社会经济的不断发展和农业产业的转型，现代农村经济组织与产业经营面临着新的挑战和机遇。农业现代化、乡村振兴战略的实施，以及全球农产品市场的变化，使得农村经济组织与产业经营成为当今重要的议题。

农村经济组织与产业经营研究不仅关系到农业生产者的经济效益，更关系到整个农村社区的可持续发展。合理的经济组织和高效的产业经营不仅能提高农产品的质量和产量，还有助于提升农民收入，促进农村经济的繁荣。因此，深入了解并解决现代农村经济组织与产业经营中存在的问题对于实现乡村振兴目标至关重要。

笔者深入研究了现代农村经济组织与产业经营，先是从绪论入手，介绍了现代农村经济组织，并详细地分析了家庭农场、农民专业合作社、农业企业以及农业社会化服务组织，最后在现代农业发展支撑体系构建方面做出重要探讨。通过本研究的开展，我们期望为推动现代农村经济的发展、提升农民收入水平以及促进农业可持续发展提供实用性的建议和决策支持。

为了确保研究内容的丰富性和多样性，笔者在本书写作过程中参考了大量相关的理论与研究文献，在此向涉及的专家学者表示衷心感谢。最后，限于笔者水平，加之时间仓促，本书难免存在疏漏，在此，悬请同行专家和读者朋友批评指正！

目　录

第一章 绪论

第一节 现代农业发展内涵

一、现代农业的内涵

现代农业是指广泛应用现代科学技术、现代工业提供的生产资料、设施装备和现代科学管理方法的社会化农业。可见，现代农业是用现代科学技术武装起来的农业，是能促进经济增长的农业。它突破传统农业的内涵和领域，是一个由多部门组成的生产活动、经济活动、技术活动和社会活动等紧密相连的新型农业体系。发展现代农业的过程就是不断改造传统农业、不断发展农村生产力的过程，就是转变农业增长方式、促进农业又好又快发展的过程。

二、现代农业的特点

现代农业是相对于传统农业而言的，与传统农业相比主要有以下特点：一是现代农业是以现代科学技术为支撑的农业。现代农业相对于传统农业应用了更多的科技发展成果，它广泛应用了生物技术、信息技术、农业工程技术等各种高新技术研究成果，是一个技术密集型农业。由于现代科技的广泛应用，现代农业相对于传统农业大幅地提高了劳动生产率，它突破了自然资源对农业生产的限制，现代良种的改良、各种农业机械的使用是促进现代农业发展的主要手段，科学技术是促进现代农业发展的主要动力。二是现代农业是专业化、商品化、产业化的农业。现代农业突破了传统农业自给自足、封闭式的生产模式，广泛参与市场，首先是从市场上购买各种新型的生产要素，然后再把生产出的产品在市场上销售，这种专业化、商品化和产业化的生产打破了传统农业自产自销的模式，大幅提高了农业生产效率。三是现代农业是农民高度组织化的农业。现代农业的发展使农民与市场有紧密联系，因此为了提高农民在市场中的竞争力，需要将农民有效地组织起来，发挥农业组织的作用，有效地参与市场。以往的以家庭为单位的分散经营方式已不能适应现代农业的发展，只有提高农民的组织能力，才能提高农民从事农业的积极性，提高农产品的回报率和农民采纳先进实用技术的速度。四是现代农业是需要财政大力扶持的农业。农业本身供给的波动性、需求的相对稳定性以及农业自身的基础性地位决定了农业需要政府财政扶持，同时现代农业是以科学技术广泛应用为特征的农业，这使得现代农业成了高投入、高风险、高产出的产业，这样的具有较强外部性的领域，政府在其中承担着重要作用，无论是财政政策的制定还是财政资金的投向都能体现出对现代农业的倾斜。

第二节　现代农业发展趋势

一、人类社会将迎来第二次农业文明

农业的基础地位在不同的社会发展阶段有不同的表现形式。在农业社会里，农业是主导产业。而在工业社会里，农业不仅要承担为工业提供原料的任务，还要为工业品提供市场需求。当然，工业也会以某种形式来补贴农业。人类社会的发展要经历一个农业社会→工业社会→更高一级的农业社会→更高一级的工业社会，循环往复，经过若干次农业文明和若干次工业文明之后，当农业文明和工业文明达到同步发展、齐头并进的水平时，说明我们的社会发展形态将会达到最高水平。也就是说，人类在经历农业文明和工业文明之后，开始进入第二个层次的农业文明和工业文明。第二次农业文明是在第一次农业文明和工业文明的基础上进行的，尤其是第一次工业文明，为第二次农业文明奠定了坚实的基础。这里需要强调的是，第二次农业文明和工业文明绝不是第一次农业文明和工业文明的简单叠加或者倒退，而是充分吸收前者的营养并对其继承和发扬，再创造下一个文明的过程。21 世纪，人类迎来第二次农业文明，哪个民族在第二次农业文明中抢得先机，哪个民族就会在竞争和发展中取得领先地位，这也为第三世界国家跨越式发展带来新的机遇。

如今，当人类面临温室气体导致的全球气候变暖、能源短缺、水资源危机等诸多问题时，农业的基础地位也应该以一种新的方式体现，承担起解决这些人类共同面临的重大现实问题。也只有承担起这些人类面临的诸多问题，农业才会获得新的发展机遇。这就是农业发展的客观规律。

那么，农业如何承担上述这些任务呢？我们从农业的本质和农业生产的方程式中就可以找到答案，即固定温室气体、生产生物质能源、净化水资源等。也就是说，要发挥农业的多功能性——全能农业（全面农业）。只要充分发挥农业的全能性，农业发展必将迎来第二次文明的跨越。

二、发展的第四个阶段

有学者将农业发展分为 4 个阶段，即原始农业，传统农业，现代农业，后现代农业。笔者认为，应该将后现代农业改为全能农业（全面农业）。也就是说，在现代农业之后，人们将迎来一个全能农业（全面农业）的崭新时代。

如前所述，农业的基础地位在不同的社会发展阶段有不同的表现形式，现在，该是农业发挥其全能性的时候了。

所谓全能农业，就是一种以发挥农业所有本质功能的一种农业形式。其区别于传统农业概念的根本是，全能农业不再满足于为人类提供食物、衣物等生活物资，而是要着手清除工业化发展给地球带来的各种污染，吸收转化温室气体，生产绿色的、可持续的生物质能源等，为人类的可持续发展提供全面支撑，以此来体现农业的基础地位。农业从此将迎来一场新的革命，农业文明将重新焕发出新的活力，继续为人类的生存和发展做出更大的贡献。

（一）全能农业按地域分类

①山区农业。顾名思义，就是在山区进行的农业生产活动。我国山区面积占国土面积高达 70%，按照全能农业的概念，如果以最大面积接受光照为目标，那么山区农业生产地位将一下子显现出来。我们可以把山区看成是皱褶的平原，如果完全展开后面积会更大。山区农业与平原农业的生产方式和生产目标有着根本的区别，因此既要保护好山区的生态环境，又要合理用于生产，这是一个很大的课题需要我们深入细致的研究。

②滩涂农业是指利用滩涂开展的农业生产活动。我国滩涂面积大，生产潜力很大。提起盐碱地，别说长庄稼，就是人喝了这里的水也容易拉肚子。中国水产科学研究院的科学家经过 10 多年的科技攻关，解决了一系列技术难题，硬是在白茫茫的盐碱地上挖鱼塘，用盐碱水养鱼虾获得成功。

据介绍，东海水产研究所的科技人员经过 10 多年的潜心研究，对我国内陆盐碱地的水型进行了系统分析，研究和掌握了盐碱地的水化学组成特点及其变化规律对水产养殖的影响，在此基础上首次在我国内陆盐碱地养殖对虾取得成功，并获得农业部科技进步奖。如今盐碱地水产养殖已成为黄骅市的一大支柱产业。

随着盐碱地水产养殖技术的不断推广，可带动落后地区的经济发展，为增加农民收入，开拓出一条致富之路。专家指出，开发咸水水域和低洼盐碱地，除增加水产品的产量外，更重要的是有利于充分利用国土资源。

③盐湖农业。我国是多盐湖国家，有一半以上的湖泊为盐湖和咸水湖，13

个省、自治区有盐湖和地下卤水湖分布，在这些湖区居住有 2 亿多人口。同时，我国有 1.3 万千米长的海岸线，还发展了大量人工盐湖——盐田。

中华人民共和国成立后，我国将盐湖调查作为重点项目列入全国科学规划中，已查明察尔汗陆相钾盐矿床、吉兰泰石盐矿床和扎布耶锂、钾、铯综合性矿床等一大批盐类矿产资源，沿海盐田开发也取得长足进步。

盐湖不仅是一种矿产资源，同时也是主要的生物资源和旅游资源。盐藻、卤虫、螺旋藻等的研究和开发，以及嗜盐菌紫膜功能的发现，标志着在人类长期经营淡水 - 海洋生物与低盐耕地之后，一个崭新的盐水域和盐沼开发领域已经出现。科学家提出了"盐湖农业"，认为它是人类索取蛋白质、食物色素和脂肪等食物和多种工业、科学材料的新领域，是崭露曙光的新产业。大力研究和发展盐湖农业，变盐湖荒滩为"耕地"，对弥补因世界人口膨胀和农业生产不足导致的食品短缺有重要意义。

④海洋农业。海洋农业包括两个方面：一是以海上牧场为代表的水产养殖业，二是以接受海上光照为目标的农业。其生产成本比较高，但也是一种农业生产方式，是未来农业的一个发展方向，犹如海上钻井平台一样，终会开采出宝藏。

⑤城市农业。城市农业是以接受光照并迅速吸收、转化城市废气为目标的农业。应该在目前城市绿化的基础上，专门培育和栽培能高效率吸收二氧化碳等废气，并能及时转化为生物柴油等能源的植物和小草品种。原因有以下两点：其一，城市是集中消耗能源的地方，废气浓度特别高，大量废气应该及时得到转化。同时，为城市居民提供大量氧气，社会意义十分巨大。其二，城市绿化耗费了大量人力、物力和水资源，应该让它发挥更大的效益，如果能够转化为可再生的能源，意义更大。让能源的核心"碳"元素以最快的速度转化成新的能源，可大大节省其循环成本。

⑥草地农业。目前我国的草地生产方式单一，且容易造成沙漠化。草地农业就是要在保护和恢复草地生态的前提下，寻求更科学的生产方式。我国草地面积

是耕地的 3 倍，因此草地农业的前景十分广阔。

⑦沙漠戈壁农业。沙漠戈壁地区光热资源非常丰富，关键问题是解决水的利用以及培育高耐旱型作物品种，绝不能让这些光热资源白白浪费。

⑧太空农业。太空农业有两个含义，一是在太空进行育种，二是在太空进行农业生产。随着太空技术的不断发展，一些特殊需要的农业将可以在太空进行，因为太空的环境与地面不一样，可以获得在地球上无法获得的农产品。同时，也为太空旅行提供食物支撑。

⑨庭院农业。庭院农业是实现农民一手种粮、一手种"油"（生物柴油）的"好战场"，房前屋后（顶）都种上油料作物，既绿化美化居住环境，又吸收、减少了大气中的二氧化碳，还增加了收入，应该是农民朋友十分乐意干的好事情，发展前景广阔。

⑩人防农业。我国有许多人防工程，利用这些人防工程可以发展一些适宜在黑暗状态下生长的作物和蔬菜，既充分利用这些城市资源，创造了许多就业岗位，又就近为城市居民提供新奇而安全的绿色食品，同样也有较大的发展空间。

（二）全能农业按功能分类

①旅游观光农业（都市农业）。北京市农业技术推广站自 2011 年开始探索试行北京农田观光季。在不破坏农田乡野面貌、投入不多的情况下，改善和提升了农田的景观，把普通农田装扮得像花园一样美丽迷人，吸引大量游客前来观光，让农业这个传统产业焕发出新的活力，每年实现旅游收入 1.5 亿多元，成为新的经济增长点，也成为农业转型升级的成功样本。

②白色农业。中国农业科学院生物防治研究所原所长包建中研究员认为，所谓"白色农业"就是以蛋白质工程、细胞工程和酶工程为基础，以基因工程全面综合应用而组建的工程农业。由于这项新型农业生产是在高度洁净的工厂化的室内环境中进行的，人们穿戴白色工作服从事生产，所以形象地称之为"白色农业"。它分为微生物工程农业和细胞工程农业。

"白色农业"的核心是利用微生物发酵生产单细胞蛋白质饲料等产品，以缓解粮食生产的紧张局面。

③昆虫农业。昆虫农业的含义也十分广泛，除了昆虫食品等外，还包括昆虫授粉等诸多内容。例如，蜜蜂除了向人们提供蜂蜜、蜂王浆、蜂毒、蜂蜡外，更主要的是为各种农作物授粉起增产作用。人类食物的 1/3 直接或间接地依靠昆虫授粉，而这 1/3 之中的 80% 是由蜜蜂完成授粉任务。蜜蜂是各种作物的最理想授粉昆虫，被誉为"农业之翼"。

蜜蜂在众多的授粉昆虫中能成为最理想和最重要的授粉昆虫，是因为蜜蜂形态构造上的特殊性。蜜蜂的舌管（吻）较长，同时具有灵巧的花粉刷、花粉栉、花粉耙和花粉篮，能适应多种作物花朵的采集，又不伤害花朵。蜜蜂周身长有绒毛，有的还呈分叉羽毛状，便于黏附花粉。一只蜜蜂全身携带花粉可达 500 万粒，每天采集成千上万朵花，其授粉效率可想而知。蜜蜂采花具有专一性，它每次出巢只采集同种植物的花蜜和花粉。蜜蜂是一种群居昆虫，一群蜂有 5 万—10 万只之多，可以大量饲养和繁殖，这样对大面积开花的农作物、果树，人们可有计划地利用蜜蜂授粉，达到大面积增产的目的。

多年来，我国科技人员也进行了大量的蜜蜂授粉增产效果科学研究，结果是：油菜有蜜蜂授粉比无蜜蜂授粉增产油菜籽 20%—26%。四川盆地、浙江一带由于交通便利，每年都有大量蜂群采集油菜花，使油菜籽年年获得丰收。从 20 世纪 80 年代起，我国温室栽培业也逐渐兴旺起来。温室内缺乏授粉昆虫，更需要蜜蜂帮助授粉。科研人员经过多年试验，利用蜜蜂为蔬菜制种，种子产量增加 20%以上，而且籽粒饱满，千粒重增加，深受农民欢迎。利用蜜蜂为温室内蔬菜授粉已成为"菜篮子"工程的重要组成部分。同时，蜜蜂授粉无污染，也是建立绿色食品工程的内容之一。

④能源农业。能源农业是全能农业的重中之重，具有革命性的意义。另外，在节约能源方面，农业也大有潜力。例如，人们司空见惯的萤火虫就是节能高手，

它的发光效率很高，仅有 5% 的能量转化为热能消耗掉，其余全部发光，不像灯泡那样烫手。原来，萤火虫靠发光细胞发光，里面含有荧光素和荧光酶等物质。在荧光酶的催化下，荧光素将化学能转化为光能，并通过控制发光细胞内氧气的供应量来调节光亮的强弱。人类可以借鉴萤火虫的发光原理，研制并大力推广这种"冷光源"，为节能减排做出贡献。

⑤治污农业。治污农业可以定义为专门治理污染的农业生产活动。

⑥建材农业。建材农业有以下几个含义：

一是农业对建筑行业的启示。例如，蜂巢是最安全、最坚固的结构，随着地下大量石油、煤、天然气和水等资源大量开采，加之地壳的运动，未来地震对人类的影响可能越来越大，人类是否要放弃现在的方形房子而选择蜂巢一样的六边形房子以保证居住安全呢？

二是用作物秸秆加工建筑材料。相比水泥、钢筋等现代建筑材料，作物秸秆是吸收二氧化碳的，而水泥、钢筋等现代建筑材料是排出二氧化碳的，因此，利用作物秸秆加工建筑材料替代水泥、钢筋对节能减排的意义十分巨大。可以按下面提出的这些步骤逐步实施：

第一步，建议用秸秆加工建筑材料用于装饰。

第二步，建议在高层建筑的最上面的 1/3 楼层采用秸秆加工的建筑材料。

第三步，待百姓接受后加大推广步伐。

第四步，将秸秆加工建筑材料用于公路建造，替代沥青，以缓解逐渐枯竭的石油。可以先从替代高速公路的护栏开始试点。

第五步，用秸秆加工的建筑材料逐步替代土砖。笔者认为，保护耕地的实质是保护优质土壤，仅仅保护耕地面积还远远不够，优质土壤是经过上亿年形成的，一旦烧制成土砖就不可逆，而且还排出大量二氧化碳。相反，如果用秸秆加工的建筑材料逐步替代土砖，就可以永续生产利用，土壤就像魔术师一样，不停地变出新型的建筑材料。

第六步，凡生活中可以用秸秆加工而成的建筑材料替代的，都要逐步替代，比如雕塑材料等。

⑦资源农业。资源农业是农业的根本，是农业文明的"火种"，意义十分重大。

⑧微生物农业。微生物与农业的关系十分密切，微生物农业前景广阔。1980年2月，在新疆驻京办事处学术报告厅，北京农业大学（现中国农业大学）陈延熙教授在北京植物病理学会举行的年会上首次提出了"植物体自然生态系"概念，这是他和梅汝鸿副教授等同事们30多年研究得出的结论。他们认为，所有植物（生物）普遍存在一个微生物生态系，在这个生态系内，各种微生物相互依存、相互制约。它们有的对植物有益，有的则对植物有害。据此，他们着手分离筛选出对植物有益的菌类，加以人工扩大培养，再把它们接种到植物上，增加它们在微生态系内的比重，抑制有害菌对植物的危害，从而达到促进植物生长发育的目的。他们从植物自然生态系的芽孢杆菌中筛选出对作物有防病、增产作用的56株"增产菌"，从1986年开始进行大面积示范推广。

实践证明，"增产菌"一般能增产10%左右，累计为国家增产粮食75亿千克，增加产值100亿元。"增产菌"成为我国第一个生物制剂方面的专利，达到国际领先水平，还荣获中国专利金奖。

⑨数字农业。数字农业是未来农业发展的趋势。所谓数字农业（Digital Agriculture）就是用数字化技术，按人类需要的目标，对农业所涉及的对象和全过程进行数字化和可视化的表达、设计、控制、管理。其本质是把信息技术作为农业生产的重点要素，将工业可控生产和计算机辅助设计的思想引入农业，通过计算机、地学空间、网络通信、电子工程技术与农业的融合，在数字水平上对农业生产、管理、经营、流通、服务以及农业资源环境等领域进行数字化设计、可视化表达和智能化控制，使农业按照人类的需求目标发展。

第三节　农村经济组织与现代农业发展

农村经济组织与现代农业之间存在着天然的紧密联系。农村经济组织是借助现代农业发展起来的，没有现代农业，农村经济组织就不可能更好地向前发展。同样，现代农业是依靠各种类型的农村经济组织带动和发展的，没有农村经济组织，也就不可能真正建成现代农业。因此，两者是相互依存、相互促进的关系。

一、现代农业为农村经济组织提供了广阔的发展空间

（一）现代农业为农村经济组织的发展提供了明确的目标导向

在发展农村经济中，首先要加强现代农业建设，提高农业生产力水平，努力将农业不断地做大做强，充分发挥农业的多种功能，促进农村产业不断拓展，农民就业机会逐步增加，农民收入较快增长。因此，作为农业产业化经营主体的农村经济组织，只有根据现代农业的要求，从生产、加工到流通进行全方位操作，多环节地改造传统农业，大幅度地提高农产品附加值，才能有效地推进现代农业建设。

（二）现代农业为农村经济组织提供了强大的发展基础

现代农业的发展过程就是农业发展水平不断提高的过程。推进现代农业的发展进程可以优化农业产业结构，提高经济增长效率，增加整个社会的财富，为农村经济组织的发展提供强大的物质基础。另外，现代农业的发展是构建和谐社会发展的重要战略内容，它的成功推进能够实现经济、社会、文化等各个方面的协调发展，经济体制更为健全，社会服务体系完善，实现了大量人力资源向人力资本的转化，便于形成鼓励创新、容忍失败的良好人文环境和创新文化，为农村经济组织的发展提供了人才保障和创新空间。

二、农村经济组织是现代农业发展的"助推器"

（一）农村经济组织可以大大提高农业生产效率

仅有技术装备和技术水平的现代化，没有管理方式和管理机制的现代化，是实现不了农业现代化的。农村经济组织正是管理方式和管理机制现代化的一个现实的组织载体。实践证明，以农户家庭承包经营为基础的多样化的农村经济组织形式，正是农业产业化组织结构现代化的重要表现形式，它为实现农业现代化奠定了良好的组织基础。通过农村经济组织的资本积累，可以有效地进行技术开发和推广，大大提高农业生产效率，加快现代农业的发展进程。

（二）农村经济组织是农业产业政策传导的有效载体

农业产业政策需要有效的传递途径。在计划经济时期，政策传递可以通过政府机构进行。但是在市场经济时期，政府的职能需要转变，对生产过程要逐步转变为间接调控，这就需要重新建立一个政策传递的中介，在这种情况下，农村经济组织的出现恰恰可以弥补政策传导机制的缺位，农村经济组织和农户相比，天生具有资本雄厚、交易成本节约等优势，能够较好理解和实行产业化政策，容易与宏观政策保持一致。

（三）农村经济组织是联系农户和市场的枢纽

农业产业化要解决"小农户与大市场"的矛盾，经过近几年的实践探索和理论研究，人们越来越清楚地认识到农村经济组织是传统农业向现代农业转化的客观产物。通过农村经济组织，农户既可以获得节约交易成本的部分利益，同时又可以有效传递市场的信息，及时调整种植结构，扩大农户的生产规模，改善农户的生活方式，加速农业现代化的实现。

（四）农村经济组织是现代农业在组织层面上应对市场竞争的必然选择

加入世贸组织后，我国农业在组织层面上面临的竞争对手是规模化、组织化程度很高的大农场主及其组成的合作组织联盟、大公司、跨国公司和由农产品出口国组成的国际性垄断集团。单纯地依靠传统的农业经济组织结构，不能完成农业与国际市场的对接，更难有效抵御和积极参与国际农产品市场的竞争，农民的合理利益也难以得到有效保护。因此，根本的出路在于：在家庭承包经营的基础上，通过各种产业化经营的组织形式，把分散的小规模农户组织起来，形成聚合规模经济，提高农业整体素质，提高农业的市场集中度。也就是说，要在农业组织层面上，培育、发展一大批具有实力的龙头企业，来抗衡国外大公司、大集团并参与国际市场竞争。

要实现农业经济的产业化，保证现代农业和农村经济组织发展的良性互动。一方面，在农业发展过程中，不能为了追求短期效益，违背市场规律，抑制农村经济组织的发展，而是要建立农村经济组织发展的良好环境，促进农村经济组织发展；另一方面，在农业发展过程中，我们要根据地域差异，选择适合的农村经济组织，实现农村经济组织多元化发展，不断创新农村经济组织，促进现代农业的发展。只有二者不断促进，良性互动，才能形成农业发展的良好机制。随着新形势下农村改革的深化，农村经济产业化的要求，必须提高农村经济组织化程度，而实施组织创新可以建立起一种与农业经营主体和市场需求变化相联系的经营机制，强化农业生产、加工与市场销售结合的拉动力量；可以把工业化管理等现代工业要素引入农村经济领域，提升农村经济产业层次，拉长农业产业链条，加速农村分工，带动二三产业快速发展，实现农产品的多层次转化增值；可以减少城乡壁垒，促进产业衔接、资金融通、人才流动及技术扩散，以城带乡，加速农村发展步伐。所以，实施农村经济组织创新是促进现代农业实现产业化、市场化的重要措施。

第二章　现代农村经济组织概述

我国农村经济组织形式的变迁，是随着社会、经济、政治等综合环境因素的变化而发生的。要实现乡村发展，推进传统农业向现代农业过渡，农业产业化是必然趋势，其原因包括以下两方面：一方面，由于社会经济环境变化和政府改革与制度创新的引导，农业经济组织形式自身不断优化和改进；另一方面，随着市场经济的发展，不断出现改革农业经济组织形式的迫切需求，市场经济与农业经济组织形式的关系往往处于不断的发展变化之中。在当前阶段，随着市场经济的发展，尤其是我国加入 WTO（世界贸易组织）之后，农业经济组织形式发生了深刻变化，这是为了更加切合市场经济的需要，更好地切合市场竞争并提高社会整体资源的配置效率。

第一节　农村经济组织的特征

农村集体经济组织作为特别法人，有其鲜明的特征，主要体现在范围的社区性、地域的唯一性、产权的封闭性、成员的身份性、功能的综合性等方面。

1. 范围的社区性。农村集体经济组织是在农村特定社区范围内以集体土地所有制为基础，以一个自然村（组）、行政村、乡镇为覆盖范围建立起来的社区型经济组织，这与供销合作社、信用合作社、专业合作社等合作经济组织以及各类企业组织有明显的不同。因此，社区性是农村集体经济组织的重要特征之一。

2. 地域的唯一性。农村集体经济组织是一个以自然村（组）、行政村、乡镇的集体所有土地为边界建立的地域性组织。在同一层级的乡村地域范围内，一般来说只能建立一个代表"农民集体"行使集体土地所有权的集体经济组织，不存在与之并列竞争的另一个同层级的代行集体土地所有权的集体经济组织。在特定的社区地域范围内的同一层级，代行集体土地所有权的农村集体经济组织具有唯一性。

3. 产权的封闭性。建立在土地集体所有制基础上的集体经济组织所有的集体产权具有明显的封闭性特征，只有集体经济组织成员才享有集体土地承包权、宅基地使用权、集体收益分配权等权益，且权益只能在本集体经济组织内部流转，集体经济组织成员以外的任何个人和组织都无权获得土地承包权、宅基地资格权、集体收益分配权等。集体资产的集体所有制性质不同于公有制，集体资产只能由集体成员共同占有，可以明确集体成员的股份或份额，但不可将集体资产分割到个人。

4. 成员的身份性。集体经济组织成员具有明显的身份特征，其身份界定主要基于农业合作化历史、农业户籍、现实情况等因素。一般来说，集体经济组织成员身份的取得方式有原始取得、法律取得和民主程序取得等途径。例如，《广东省农村集体经济组织管理规定》界定的集体经济组织成员身份，一是原人民公社、生产大队、生产队的成员，户口保留在农村集体经济组织所在地，履行法律法规和组织章程规定义务的。二是实行以家庭承包经营为基础、统分结合的双层经营体制时期，集体经济组织成员所生的子女，户口在集体经济组织所在地，并履行法律法规和组织章程规定义务的。三是户口迁入、迁出集体经济组织所在地的公民，按照组织章程规定，经社委会或者理事会审查和成员大会表决确定其成员资格等。集体经济组织成员在集体经济组织内享有平等的财产权利和民主权利。

5. 功能的综合性。农村集体经济组织不仅具有经济功能，还具有基本公共服务供给、社区治理等综合性功能。2020年11月4日农业农村部印发《农村集体经济组织示范章程（试行）》第6条规定，农村集体经济组织具有管理集体资产、开发集体资源、发展集体经济、服务集体成员等职能。除此之外，一些农村集体经济组织事实上还承担农村社区公共产品供给、社区治理以及文化传承服务等公共性职责。

第二节　农村生产经济组织形式

一、当代中国农村生产经济组织形式的演变

1978 年，党的十一届三中全会以后，我国农村社会经济组织形式开始变革。

（一）家庭联产承包责任制开启新篇章

党的十一届三中全会以后，农民自发的"包产到户"得到政府的肯定，随即在全国范围的农村实行了各种形式的生产责任制，特别是家庭联产承包责任制的确立，实现了农村经营机制的深刻改革和农村生产关系的重大调整。

（二）家庭联产承包责任制

家庭联产承包责任制是指农民以家庭为单位，在集体经济组织承包土地等生产资料的基础上，向国家缴纳农业税，交售合同订购产品以及向集体上交公积金、公益金等公共提留，其余产品归农户所有的农业生产责任形式。

家庭联产承包责任制这一经济组织形式在我国出现，是由我国农业生产本身的特点决定的。由于我国传统农业是以人畜动力和手工业为主，基层经营和劳动单位不大，劳动力以家庭为单位分布，集中程度不够。此外，我国农业生产自然条件丰富多样，以农户为主的生产单位，可以根据复杂多变的气候和土壤条件，因地制宜，采取灵活的生产方式和适宜的措施。

（三）双层经营统分结合

把家庭承包经营方式引入集体经济并非只有家庭一个层次。原来的生产队仍

然作为集体经济的一个层次发挥作用，形成统一经营与分散经营相结合的双层经营体制。

集体层次的作用主要有：按国家的计划指导，代表集体和承包户签订合同；保证粮、棉、油按合同收购的任务完成；管理集体保留的土地、大型农机具等生产资料；组织农民从事农业基本建设；为农户提供必要的社会化服务。这种统分结合的双层经营的体制，既保障了农民有经营自主权，又坚持了土地等基本生产资料的公有制和必要的统一经营。

（四）农村经济组织的创新形式

统分结合的双层经营的体制，在 20 世纪 80 年代初期为中国农村的高速发展做出了重要的贡献。

统分结合的双层经营体制虽然承认农户对土地具有使用权，但作为农户最基本的生产要素，其所有权依然外在化，农户十分担心现行组织经营形式所依赖的制度发生变化，担心土地经营权随时消失，因此对长期经营不关心，考虑的只是眼前的利益分红，没有形成长期共赢的利益共生格局。受生产行为短期化的影响，农业生产的波动性加大。农户在此背景下，在毫无组织和准备的情况下被推向市场，他们对市场信息、成本、价格、信贷以及政策反应迟滞，并由此导致经营决策的盲目随从，进入市场的风险增大。

双层经营体制的不足，使进入市场的农户意识到建立新的组织的必要性。20世纪 80 年代中后期，他们或在政府的领导下，或依靠自身的创造才能，发动了自农村经济改革以来的第二次组织创新。

这次农村经济组织创新的主要形式有：

1. 专业户和重点户

为突破双层经营体制管理的弊端，部分农户率先找准自家生产的优势，在土地承包责任制的基础上积累生产经验和管理经验，找准生产经营领域，从基础性农耕地承包养殖逐渐向其他擅长领域发展，在尝试中摸索出适合的养殖技术，抑或是销售渠道，重点发展某一领域，逐渐在农村经济发展中脱颖而出，成为某一生产领域的专业户、重点户。

2. 农村新经济联合体

为克服传统土地流转与承包的单一性生产问题，许多农户在发展成为专业户、重点户的同时，逐渐将传统农业与林、牧、渔等产业联合起来组成农村新经济联合体，实现了多产业联合经营，相互渗透。

3. 农村专业技术协会

专业技术协会是以专项生产为基础，以该项生产的技术为核心，同行之间、农户之间组织成立新型合作组织。这类专业协会主要分布在养殖业及种植业中技术较为复杂的非粮食作物种植领域。由于该类型的专业协会既不触动家庭经营的基础，又以具有较强吸引力的技术为纽带，因而深受农户的欢迎。

4. 公司＋农户的合作组织

公司＋农户的合作组织形式在国际上较为通用。它是以专业化的生产厂商或销售厂商为中心，借助公司在资金、技术、设备、科研和市场营销等方面的优势，把分散的生产农户组织起来进入市场的一种组织形式。公司具有完备的产前、产中和产后服务体系，可以帮助农户解决生产中出现的问题。公司出于经营活动最终获利的考虑，将会照顾到农户的经济利益。农民也会从自身生产和营销等不利因素出发，从发展生产、提高收入的角度照顾到公司的利益。这种组织形式由于把产、供、销放在一起统一考虑，把农户和公司的利益捆在一起，因而使农民的权益得到保障，在实际运营中受到农户的欢迎。

二、农村经济组织形式的内容

经济组织是为了实现特定的经济目标而从事其经济活动的单位和群体。它是社会生产关系的体现，是一定劳动组织形式，是一定生产要素配置和组合方式。社会再生产过程是由经济组织实施并完成的。人类社会的经济活动，均是在经济组织内或经济组织之间进行的。由此可知，人类社会的一切经济活动，有其一定的经济组织形式和基本单位。

经济组织有其特定的社会性质、组织形式和经济功能。

首先，经济组织的性质由社会经济制度的性质决定。它既是生产关系的具体表现形式，又是生产力的具体组合形式。

其次，经济组织形式在一定所有制基础上随生产力的发展而变化。部落和氏族是原始社会的经济组织形式。家庭是小私有生产和个体劳动的组织形式。企业是社会化商品生产的经济组织形式。从家庭向企业演进，是经济组织形式的根本性变革。但这一演进要经历一个漫长的时期，其间两者会互相交错，出现重叠的具体形式，例如，家庭农场、家庭工厂、家庭商店等家庭式的企业。企业也采用家庭式的组织形式和经营管理方式。即企业家庭式经营管理方法。当今世界各国都有采用家庭或企业，甚至家庭企业一体化的管理方式来进行生产。

最后，经济组织功能是指经济组织所拥有的实现经济目标的物质技术力量和组织力量。经济组织功能除了受到物质技术力量和组织力量的限制外，还受到生产关系和经营方式等影响。经济组织形式包括具体经济单位组织形式和经济单位之间相互联系的组织形式。

（一）农村具体经济单位的组织形式

1. 家庭

农户家庭是我国农村最主要的经济组织形式。家庭，既是社会生活的基本单位，又是社会生产的经济组织形式，其作为社会生产的经济组织形式至今仍被广泛采用。家庭这一具体经济组织形式，在当前和今后相当长的时期内将发挥其应有的作用。

2. 企业

企业是人们从事物质资料生产、流通，或从事劳动活动的营利性的具体经济组织形式。企业是商品经济的产物。企业一般特征如下：①拥有一定数量的劳动者和生产资料，进行自主经营，是具有法人主体地位的、独立的商品（劳务）生产经营者。②在经济上实行独立核算，自负盈亏，以收抵支并有盈亏。③在法律上具有"法人"地位。公司是企业的组织形式，因此，一般意义上说，公司即企业。

（二）经济单位之间相联系的经济组织形式

1. 农村合作社

农村合作社即农业合作经济组织，是指农民，尤其是以家庭经营为主的农业小生产者，为了维护和改善各自的生产及生活条件，在自愿互助和平等互利的基础上，遵守合作生产的法律和规章制度，联合从事特定经济活动所组成的企业组织形式。农业合作社的盈利以成员与农业合作经济组织的交易额分配为主。

2. 农村联营企业

根据平等、自愿、互利等原则，在保持生产资料所有制性质不变和独立自主经营地位不变的前提下，经济组织之间发展组合成的联合经营企业，一般称农村联营企业。

3. 农村企业集团

根据地区、行业和供产销之间的联系，由若干个农村企业按照自愿互利的原则而组成的组织形式称为农村企业集团。企业集团是现代企业的高级组织形式，是以一个或多个实力强大、具有投资中心功能的大型企业为核心，以若干个在资产、资本、技术上有密切联系的企业、单位为外围层，通过产权安排、人事控制、商务协作等纽带所形成的一个稳定的多层次经济组织。

农村企业集团的整体权益主要是通过明确的产权关系和集团内部的契约关系来维系的；其核心是实力雄厚的大企业、龙头企业，也是指按照总部经营方针和受统一管理的进行重大业务活动的经济实体，或者指虽无产权控制与被控制关系，但在经济上有一定联系的企业群体。

我国农村企业的组织形式，种类较多，现按照所有制划分，有以下种类：

（1）全民所有制国有企业

全民所有制国有企业主要指生产性的国有农场、林场、牧场、渔场及其农副产品加工厂等。服务性的国有农机站、排灌站、农技推广站、种子公司、饲料公司和农机公司等。

（2）集体所有制的农村企业

集体所有制的农村企业指下面两类组织。一是地区性合作经济组织。当前主要是指统分结合双层经营的农业合作企业，其统一经营层次，在全国各地农村已演变为两类合作经济组织形式：①保留原有集体所有制的合作经济组织；②新成立的为分散经营层次服务的各种农技、农机等服务公司。其分散经营层次有两部分：农户使用集体公有土地和集体公有的水利设施等，这是集体经济部分；投入家庭私有的种子、肥料和农技具等生产资料，这是个体私有经济部分。由此可知，农户家庭是带有两种经济成分的经济组织，是一种统分结合的家庭经济。每个农户的家庭，既是统分结合双层经营的一个层次，又是一个独立核算、自负盈亏的经济实体。

二是专业性合作经济组织。以专业（行业）组成的合作经济组织形式，如种植、养殖、加工、运输、建筑、供销、金融、技术等合作企业。

（3）个体农业企业。

个体农业企业指由农户家庭个体经济发展起来的个体企业，如家庭养殖场、家庭加工厂、家庭经营商店等。如规模大，雇佣一定数量工人生产的企业，一般称私营企业。

（4）外商投资企业。

外商投资企业指的是有来料加工、来样订货、来件装配和补偿贸易的"三来一补"企业。有合作生产、合资生产和外资独资的"三资"企业。

（5）港澳台投资企业。

港澳台投资企业在其形式基本上与外商投资企业相似。

上述企业是仅从所有制角度划分，如从企业的经营项目和内容分，又可以划分为若干种类型。

三、农村企业的组织机构

企业的生存、发展需要有一定的原则和方法，原则和方法共同作用于企业本身，就形成了组织机构。农村企业的组织机构划分层次并规定职权范围，以统一意志和行动，指挥和管理企业的人、财、物、供、产、销等经济活动。

（一）设置企业组织机构的原则

组织机构设置需把握五条原则：战略导向原则、简洁高效原则、负荷适当原则、责任均衡原则、企业价值最大化原则。

1. 战略导向原则

战略决定组织架构，组织架构支撑企业战略实施。内贸企业不会设立外贸部，代工企业不会成立研发部，零售企业不会设立生产部。设置任何部门都必须成为企业某一战略的载体。如果企业某一战略没有承载部门，就会导致架构残缺。

2. 简洁高效原则

部门绝不是越多越好，以层级简洁、管理高效为原则。部门过多则效率低下，过少则残缺不全。

3. 负荷适当原则

部门功能划分适度，不能让某个部门承载过多功能。功能集中不仅不利于快速反应，而且会形成工作瓶颈，制约企业发展。

负荷适当体现的是功能多少，责任均衡体现的是权力大小。如农村生产型企业，生产部是功能多的部门，相对而言品质部则是权力大的部门，也许生产部有成百上千的员工，品质部只有十几人甚至少到几个人，但品质部员工却拥有产品是否合格的最终裁定权。

4.责任均衡原则

责任均衡体现企业的授权艺术。如果让某部门"一枝独秀""权倾四野"，可能有工作效率，但无企业效益，权力失衡、制约乏力往往会滋生腐败。

5.企业价值最大化原则

部门设置的根本原则，是让部门组合价值最大化，即确保企业以最少的投入获得最大的市场回报。该过程是合理配置资源的过程，形成企业内部生态圈，把企业内部各部门视为企业生态圈中的种群，各种群为维持生存，与其他种群相互联系、相互制约，共享生态圈中资源，分工协作是维持种群得以生存和发展的动力，在现有的一定的市场生态资源下，减少种群间内耗，从而实现共赢。

（二）组织架构设置方法

设计组织架构可以分五步进行：战略对接、选择类型、设计部门、划分功能、确定层级。

第一步，战略对接。企业先有战略然后才有组织架构。先有组织架构然后再有岗位设置。部分企业本末倒置，结果就出现了因人设庙、因人设岗的种种管理乱象。由战略推导企业组织架构也让很多企业从业人员不习惯，所以要遵循组织架构设计的战略导向原则。组织架构设计是由无到有的过程，而组织架构优化是在企业已有架构基础上的调整升级。

战略对接是让组织架构设计者想清楚企业战略可以细化为多少目标，各种目标可能从何种途径实现，企业决策者应该关注的重点是什么，有哪些目标可以分解到他人负责。

第二步，选择类型。组织架构的类型因企业战略不同而不同，因管理方式不同而有异，因企业不同发展阶段而有别。到目前为止，企业组织架构形成的主要类型有五种：职能式组织、事业部制式组织、直线式组织、矩阵式组织、三维组织（或称立体组织）。选择何种类型，企业可根据组织架构设置的五原则均衡考虑后做出取舍。

第三步，设计部门。此时就可以进行部门划分了，不论选择何种组织类型，都需要将企业战略承载功能列出，如总经理办公室、人力资源部、财务管理部、生产部、物控部、技术研发部、品质管理部、营销管理部，物流配送部等。初创企业划分到此，组织架构就基本确立了。规模大的企业还需要继续往下细分管理功能。

第四步，划分功能。组织功能因企业选择的组织类型不同会有不同的组合。不同企业的总经理办公室承载的功能可能有天壤之别，有的总经理办公室负责采购功能，有的总经理办公室负责合同管理。另外，还与企业主营业务或企业规模、性质有关，以及与部门职能范围或者生产对象有关。例如，有的小规模企业生产部包揽了除行政后勤、营销之外的所有职能，从材料采购到计划安排，从技术研发到工艺指导，从成品检验到订单交付，一条龙负责到底；有的大型企业的人力资源部则可能承载人才规划、招聘任用、培训开发、绩效管理、薪酬管理、劳资关系、员工发展、企业文化建设、社团管理等诸多职能；有的制造型企业的生产部因产品不同、规模不同，其承载的职能也是千差万别的；有的销售型企业由于属于供应链中下游，衔接市场，无生产部，但根据销售品类设有采购一部、二部、三部。

某企业组织架构中的"品牌发展部"下面的"市场开拓""产品研发""技术管理""客户服务"就是品牌发展部的职能。功能划分越具体，后面的岗位设置就越简单。小型企业的组织架构设计至此大功告成，大型企业则有待进一步细化。

第五步，确定层级。对于管理跨度大的企业，需要进一步考虑管理层级，避免出现管理真空。如全国连锁企业，就需要考虑企业区域公司、省级公司、办事处等管理层级的细化，以保证企业组织架构设计的责任均衡原则得到落实。组织架构设计的最终呈现方式就是组织架构图。

第三节　农村经济组织的典型发展模式

农户处于离市场最远的生产环节，需要包括政府相关部门、合作组织、龙头企业（公司）等在内的主体加以引导和带动才能走向市场。而农户和这些主体通过一定的规制加以联系的方式就构成了不同的经济组织形式。从本质上讲，这些主体在组织机构中各有分工，分别居于不同的环节，并通过适当的契约关系建立起一定的联系。这里把现阶段的农村经济组织划分为五种：市场驱动型、基地（大户）带动型、合作经济组织联动型、专业协会推动型、股份合作型等。对农村现行农业经济组织的理论分析主要探讨其组织构架及其运行机制。

一、市场驱动型组织模式

在这种组织模式中，交易双方完全是一种即时市场交易关系。交易价格一般是随行就市，随结随清，交易在市场上即时完成，交易方近似地具备"匿名性"，此时的契约规制是一种麦克尼尔（1974）所称谓的"古典契约"。"交易双方仅凭经验来决定继续保持交易关系还是以极小的成本转向其他的贸易伙伴"，"交易各方对自己的经验判断负责，各方都依靠对交易伙伴的选择来约束对方的机会主义行为"（威廉姆森，1979）。

这种组织模式的基本构架是"公司＋市场＋农户"。以市场联结的公司和农户是通过签订短期契约的方式来合作的，它们相互之间不仅具有较强的独立性，而且其间的产权关系明晰。一般情况下，龙头企业与农户之间的交易实质上是一种农产品远期合同交易。企业和农户按照一个事先约定的产品质量和价格并在约定的时间交割产品。农户独立地拥有土地等生产资料、生产工具和生产者劳动力的产权，企业不能直接介入和支配这些资源。在这种模式下，企业与农户之间的产权边界较清楚，产权公域很小。因而较为明晰化的产权关系使得该模式下的公共租金耗费很低。但是，由于这种模式所依托的仅仅是一种短期契约，不但契约签订的年限较短，而且契约内容，例如保护价格等，调整更是频繁。而由于违约收益经常高于违约成本，存在着公司和农户随时解除契约的可能性。短期契约的特征增加了公司与农户所签订合同的实施成本，并且导致这种模式的不稳定性和履约的风险性。由于农户知识的缺乏以及农户与公司之间信息的不对称，农户难以预期未来市场走势和企业行为，也就不能通过契约条款来规定如何处理可能出现的不确定性问题的具体事项。有的契约条款实施起来使农户感觉到太吃亏，甚至存在一定的欺诈性，一些农户签约后才发现自己"上当受骗"。另外，公司也很难通过契约来监督农户的行为，不能防止农户"搭便车"，这使公司的监督成本比较高。

在这种组织构架中，一方面，作为主体双方的公司与农户在地位上显然是不平等的。公司一般市场经济意识强，经济实力雄厚，拥有较强的决策能力、严密的组织和完善的市场营销系统，通晓政府的经济政策和法律法规，掌握充分的市场信息。而农户家庭经营规模偏小，居住分散，资金、技术力量薄弱，市场经济意识淡薄，难以准确、充分、及时地捕捉市场信息，评估和辨别信息的能力低，加之农户缺乏代表自身利益的组织依托，这就导致在农业产业化组织中，农户在与公司的谈判中常常处于不利的地位。

公司和农户交易的对象是农产品，与工业等其他产业产品具有显明的差别。农产品往往是生命鲜活体，具有受自然因素影响大、季节性强、生产周期长、易损易耗性强、产品同质性差等自然特性，在相当程度上加大了公司和农户契约关系的履行难度。首先，农业经营活动尤其是农业生产活动主要是通过利用动、植物和微生物等生命有机体的自然力进行生产的，这是一种以适应生命自然演进特点为前提的复杂生产过程，这就决定了农业经营活动必须依循自然规律进行，不可进行过多人为干预。而生物生长过程中自然因素具有极强的不可控性，从而导致农业经营活动往往面临着极高的自然风险，这使得农业经营的产出水平不可能保持均衡，从而交易农产品的产量不确定性增加。其次，农产品质量受自然力以及农户分散经营所导致的生产流程、生产技术水平、关心程度不一等因素的影响较大，交易产品品质很难得到保障和统一。同一名称产品实际在质量上千差万别，难以按标准经营，农产品同质性差的这一特性增加了生产经营结果计量计价的难度，极大地增加了契约的履行难度，诱发了交易过程中的纠纷。

二、基地（大户）带动型组织模式

与市场驱动型组织形式相比，基地带动型组织模式是一种联系更加紧密的组织形式。龙头企业全部收购基地农户各种规格和等级的产品，并且，并不一定是按照市场价格收购。相对而言，公司的原料来源，即农户的市场更为稳定。但是，也需要通过有效的运行机制约束双方可能的机会主义行为。

基地（大户）带动型组织的基本构架是"公司＋基地（大户）＋农户"，农户由大户带动（或者直接受到大户的指导），形成某种农产品的生产集聚。农户按照公司的契约规定进行生产，让渡了对生产品种和生产流程等的选择权。而且，农户不允许把产品转售给市场。与之相对应，公司需要承诺收购农户生产的全部产品。因此，从农户的角度而言，他们担心公司对生产品种的决策是否正确，担心公司能否按照比市场价格更高的价格收购全部产品。从公司的角度而言，他们担心农户能否按照他们指定的要求进行生产，担心农户在产品生产出来之后是否会把产品售给市场。

某种组织形式的成功是和它嵌入的制度背景紧密地联系在一起的，如果制度背景发生改变，组织形式也会发生变革。市场并不是直接对组织进行淘汰和选择，而是对组织及其背后的结构进行淘汰和选择。为了压制双方的机会主义动机，维持双方的长期交易，专用性投资显得非常重要。

农产品加工本身是一个极具潜力的利润增长点，公司投资农产品加工可以增进双方的利益。农产品加工具有一定的规模经济效应，与农户相比，公司进行加工的成本更低。因此，由公司取代农户进行农产品加工，可以带来利润的增加。无论这一部分利润怎么分配，它至少可以改善公司或者农户一方的利益。

三、合作经济组织联动型模式

公司直接和农户交往始终存在着一定的问题，那么发展合作经济组织是一种改进，它能够帮助公司和农户形成更加紧密的利益连接机制。一方面，公司可以利用合作经济组织监督农户的违约行为，另一方面，农户可以借助合作经济组织与公司进行相对对等的谈判。

农户专于农副产品生产，公司对农副产品进行加工和销售，合作经济组织（主要有合作社和社区组织）充当中介。在这类组织结构中，比较典型的方式是，首先由公司根据市场需求预测，通过契约与合作组织约定本年度生产的数量、品种及主要品质和技术指标。然后，合作经济组织再把生产任务分解落实到各个农户。在生产过程中，有的合作组织还为农户提供购买生产资料、提供技术和指导等方面的服务，也有由公司提供或者由公司为合作经济组织培训技术人员。农副产品成熟后，由合作组织（或与公司一起）验级、收购，而后由龙头企业集中并做最终加工和销售。公司把收购款拨付给合作组织，由合作组织分发给各农户。有的合作组织在收购的同时还进行一定形式的初加工，比如芋头的脱皮、牛奶的初步保鲜、剔除蔬菜的烂叶等。一般情况下，都是由公司进行验级。

（二）运行机制

合作经济组织联动型模式运行的机制是声誉机制。我们可以用模型来刻画合作经济组织在抑制农户机会主义行为方面的作用。模型的基本假设是：由于合作组织内部的农户（包括大户）相互之间非常了解，存在着信息的共享，个体的行为能够被合作组织范围内部的其他成员所了解。这样，合作组织作为联系公司和农户的中介组织，最重要的是发挥声誉机制的作用。

换言之，如果公司能够利用合作组织内部的共享信息，那些机会主义行为较小的农户得到的收益增加了，那些机会主义动机较强的农户的收益相应地下降了。如果我们再引进演进博弈论的一些思想，就可以比较自然地得出结论：从长期来讲，机会主义行为强的主体的适应系数会相应地增加，最后会战胜那些偷懒者，成为经济社会中的幸存者，经济效率因此得到了提高。

以上分析得到的结论是，公司可以利用合作组织成员之间的信息共享，实行农户之间的相互监督，从而降低龙头企业的监督成本，同时也可以削弱农户的机会主义动机，最终提高经济运行的效率。

需要说明的是，要运行声誉机制，要求在农村合作组织内部能够实现信息共享，这主要是与合作组织的社区性联系在一起的。现在建立起来的大多数合作组织都是在一个固定的社区范围之内，合作组织成员来自于同一个社区。在人口流动性较小的农村，基本上是一个静态社会。在不断地重复博弈的程中，成员相互之间对各自行为和偏好比较了解，信息共享的前提是可以成立的。在几乎是无限次重复的博弈过程中，正如俗定理所揭示的那样，经济主体对各自的信用十分重视，都立足于长远利益而相应地抑制短期内的机会主义动机。这样的机制是农产品流通合作社和信用合作社能够成功的关键之所在。

但公司和农户之间似乎天然的契约困境和障碍能否在合作社等中介组织的引导下很好地解决，不是源自合作社组织本身，而是合作经济组织作为一种契约连接机制能否解决公司和农户的利益合理分配和风险的合理分摊难题。合作组织的履约效率最终还是要归结为公司和农户的契约关系，并不是有了合作组织作为公司和农户联结的中介，一种稳定性的、能确保契约履行的契约形式就能自然产生。实际上，合作社组织研究的理论文献表明，合作经济组织同样有其自身的缺陷和局限性。

四、专业协会推动型组织模式

该组织的基本构架是"公司＋农业协会＋农户"。农业协会是农业中实行行业自我管理的非营利社团组织，是介于农业市场主体与政府之间的社会协调性组织。农业协会和农业合作社有着重要差别，最主要的差别体现在，农业协会除了具有合作社的一定经济功能之外，还具有一种依靠成员间社会关系来保障公司和农户履约的社会功能。农业协会与农业合作社作为农业产业化中的重要组织形式，也有一定的共性或相似之处。例如，它们都是以"三农"的主体为服务对象、按照自愿原则组建的契约联结体，并通过内部民主管理与协调，减少和避免组织成员的无序竞争或不正当竞争，从而加强农户之间以及农户与公司之间的契约关系；两者都以一定区域内的社会关系为载体来强化契约关系；两者都通过扩大组织规模降低外部交易成本，以增强组织整体的对外竞争能力。

专业协会推动型组织的运行机制是协调和服务。协调主要体现在促进和推动农民的互助合作与联合，提高农民的组织化程度，通过协调公司和农户间的联合，促进公司带农户、基地带农户，有效引导农户走集约化、规模化经营之路。促进农村社会化分工，提高农业专业化生产水平；服务体现在帮助农户打通走向市场的多条出路，促进一家一户的小生产与大市场的衔接。农业协会在实践中探索，创造了多种引导农民从事商品生产、搞活流通、发展产供销一条龙、科农贸一体化经营的行之有效的形式。农协本着配套、有效、及时的原则，服务农民，壮大自己，通过合同组织农民生产，代为农民销售产品、谈判价格，使农民种养什么有合同，销售价格有保护，充分发挥了生产的龙头、加工的纽带和服务的桥梁作用，为农民走向市场创造了良好的条件。

这种协调和服务机制最为重要的一个特征体现在通过为公司和农户提供特定的服务，对公司和农户形成一定的制约，扩展了它们的自我履约范围。对公司而言，农协依靠其强大的信息和技术等方面的优势，以及政府赋予的一定权力，为企业开展营销活动、产品认证、树立品牌、技术服务等。如果公司违约，它在未来市场活动中将遭受这些方面的资本损失。所以，农协对企业的各种服务提高了公司的"私人履约收益"和违约的"机会成本"，对农户来说更重要。因为农户加入农协，可以得到多种收益远远超过成本的服务，如生产技术指导、防治农作物病虫害、优质的投入品供应、稳定的销售渠道，甚至资金等的支持，如果违约，其未来的损失是巨大的。

但需要说明的是，随着我国农业产业化经营程度的不断提高，成员关系"松散"的农协对成员的制约作用和稳定公司与农户契约关系的作用越发显得相对有限，一些协会有向股份合作制发展的趋势。

五、股份合作型组织模式

股份合作型组织主要通过龙头企业、合作社和农户的资本和劳动按照一定的比例，以股份形式组建独立的法人企业，其组织构架是资本和劳动以入股的形式有机结合。相对于纯粹的合作经济组织和农业协会而言，股份合作制通过合作组织和股份制两种组织形式的有机结合强化了公司和农户的契约关系。以奶业为例，奶农以土地、奶牛和劳动组建奶牛合作社，以资产和劳动为纽带形成一种紧密合作关系，合作社与龙头企业共同组建股份合作制企业，按照公司化治理结构引入部分入股奶农代表进入董事会和监事会，使之参与企业的经营决策和实施监督，从而维护奶农的利益。此外，股份合作制还可以加大合作社的资本积累和培养大户，且保持资产价值相对稳定。这样就可以大大减少产业化经营中由于奶牛的过度分散饲养造成的高额运行成本和契约关系的不稳定，原奶的质量得到有效控制，销售得到保障，奶农和龙头企业共同受益。可以看出，股份合作制把股份制与合作制两种组织形态的优势融于一体，组织构架体现决策、经营和监督三权独立、相互制衡。

股份合作型模式的运行机制是产权安排和声誉机制作用的有机统一，特别是运用产权激励来确保契约的稳定性。在农业产业化经营中，要使龙头企业和农户形成更紧密的交易关系，确保农户的利益，降低其市场风险，一方面需要利用合作组织的外壳，同时又要引入股份制的合理内核。这样，农民就不仅仅是作为农产品的提供者获得收益，它可以进一步成为农产品加工所取得的剩余收益的索取者参与利润的分配，这种契约关系稳定性更强。从具体的运行机制上看，可以有两种方式：一种是农民没有完全放弃对自己产品的所有权，他们始终作为产品的所有者，以农产品原料和加工品所有者的身份两次实现价值，这样就起到了两个作用：一是弥补了农产品作为原料进入加工领域时价格发现机制的不足，即使前期产品出售时价格低了，也还能在产品加工完成实现价值后的利润中补回；二是他们的产品以产权形式投入二、三产业，理应得到投资回报，公司只不过是代表农民进行加工和销售，农民还能获得农业生产环节以外部分的利润。第二种是农民以入股参股的形式进入二、三产业，用股权的形式继续行使自己对产品的所有权，并以股东的身份分享企业的利润。农民用双重身份获得了农业和企业两部分的利润，这两部分的利润之和就是它们的平均利润。从这个生产的全过程讲，第二、三产业将超额利润返还给了第一产业。以上两种结果，都实现了人们常说的二、三产业利润向第一产业的返还。但是，从严格的经济学的范畴分析，是第一产业将自己的产品以人格化的形式让农民以市场主体的身份和资格分享了第二、三产业的超额利润。

股份合作制作为自发制度创新的产物，其发起人往往是农村社会中具有一定能力和权威的人，或者是作为农业产业链终端的公司。控制成本的高低，进而在稳定公司和农户契约关系上的作用大小很大程度上取决于控制者的能力与权威。具有能力和权威的人都适宜于处在控制者地位。一般而言，股份制企业中最终发号施令的权利一般交给了那些拥有企业专用性资源、被认为具有更大的风险承担能力，并能确定任何时点上的"自然状态"的人，即对非人力资本的控制将导致对人力资本的控制，因为在一般的情况下，人力资本发挥作用需要借助于非人力资本，它是企业凝聚的核心，对非人力资本的控制和所有成了对企业控制和所有的根据。但人力资本在企业的经营和管理中占有重要的地位，很大程度上是企业生存和发展的关键。为了激发股份合作制企业内员工，特别是具有专用性人力资本的农户的积极性，一方面可以借助于企业内部文化的建设，增强员工的认同感和归属感；另一方面企业所有者可以放弃一些产权，通过与人力资本的所有者（农户）分享企业剩余索取权的办法，提高对人力资本的激励，降低监督成本。

第三章　家庭农场

第一节　家庭农场的特点和模式

一、家庭农场概述

（一）家庭农场的定义

家庭农场作为新型的农村经营主体，是以具体经济单位——家庭为基础的组织形式，是以农民家庭成员为主要劳动力，运用现代化生产方式，主要以生产要素中的土地为核心，进行规模化、标准化、商品化农业生产，并以经营收入为主要的家庭收入来源的新型农业经营主体。家庭农场一般是独立的市场法人。家庭农场的经营范围包括：种植业、养殖业、种养结合以及兼营与其经营产品相关的研发、加工、销售或服务。

随着我国工业化和城镇化的快速发展，农村经济结构发生了巨大变化，农村劳动力大规模转移，部分农村出现了弃耕、休耕现象。一家一户的小规模经营，已凸显出不利于当前农业生产力发展的现实状况。家庭农场的出现促进了农业经济的发展，推动了农业商品化的进程，有效地缩小了城乡贫富差距。家庭农场是现代农业发展的重要组织形式和重要推动力量，代表了今后现代农业的发展方向。作为一种新型经营主体，家庭农场保证了"农地农有、农地农用"，避免了农地"非农化"使用，能够促进农业经济的发展，是中国特色现代农业的发展方向。发展家庭农场，能在坚持家庭联产承包责任制基础上，促进土地等生产要素向生产经营能集中。开展集约化经营是农业生产经营组织形式的创新，有利于实现农业机械化，大幅度提高土地利用率、投入产出率、劳动生产率和农产品商品率，提高农产品的科技含量和市场竞争力，对发展现代农业具有重要的作用和现实意义。

一是集约化经营有利于激发农业生产活力，助推农业集约化经营。集约农业是农业中的一种经营方式。集约经营的目的是要从单位面积的土地上获得更多的农产品，不断提高土地生产率和劳动生产率。目前，我们的农业生产还比较低效，土地利用率不高，生产方式又比较传统，无法达到规模化生产。所以必须走集约经营的道路。家庭农场的生产经营具有以市场为导向的企业化特征，能较好地维持和保护农业生产力，实现农业可持续发展，有助于克服和消除小农经济的弊端。

二是集约化经营有利于增加农产品有效供给，保障农产品质量安全，能有效解决农村家庭承包经营效率低、产出小、管理散的问题。家庭农场是法人，不是个体，它要生存和发展，就需要保证产品品质，从注册开始就形成了约束力。同时，有一定规模，并且是登记注册商标的家庭农场，会比较重视自己的品牌，操作也更规范。随着国家对农产品的重视程度逐渐提高，以及电子商务的兴起与发展，我国农产品供产销一体化追溯系统也逐渐完善，可以通过追溯系统及时查询农产品信息，追根溯源，因此家庭农场会将更加注重食品安全。

三是集约化经营有利于农业科技的推广与运用，这是发展现代农业的关键。通过家庭农场适度的规模经营，能够机智灵活运用先进机械设备、信息技术和生产手段，极大地提高农业新成果集成开发和新技术的推广应用，在很大程度上降低生产成本，大幅提高生产能力，加快传统农业向现代化农业的有效转变，并有助于形成新的职业农民阶层，活跃城乡社会和经济。

（二）家庭农场的特点

在我国，家庭农场就是农户家庭承包经营的"升级版"。借鉴国外农场的一般特性，结合我国基本国情及生产特点，家庭农场主要有如下 5 个特点：

1. 以家庭为经营单位

家庭农场兴办者是农民，是家庭。相对于专业大户、合作社和龙头企业等其他新型农业经营主体，家庭农场最鲜明的特征是以家庭成员为主要劳动力，并以家庭为基本核算单位。在生产要素投入、生产作业、产品销售、成本核算、收益分配等环节，都以家庭为基本单位，继承和体现了家庭经营产权清晰、目标一致、决策迅速、劳动监督成本低等优势。家庭成员劳动力可以是户籍意义上的核心家庭成员，也可以是有血缘或姻缘关系的大家庭成员。家庭农场不排斥雇工，但是雇工一般不超过家庭务农劳动力数量，主要是农忙时家庭临时性雇工。

2. 以农业为主要产业

家庭农场以提供商品性农产品为目的开展专业生产，这使其区别于自给自足、小而全的农户和从事非农产业为主体的兼业农户。家庭农场主要从事种植业、养殖业生产，实行一业为主或种养结合的农业生产模式，专业化生产程度和农产品商品率较高。满足市场需求、获得市场认可是家庭农场生存和发展的基础。家庭成员可能会在农闲时外出打工，但其主要劳动场所仍然是农场，以家庭为单位的农业生产经营为主要的收入来源，是目前职业农民的主要构成部分。

3. 以资源集约为生产手段

家庭农场经营者具有一定的资本投入能力、农业技能和管理能力，具备一定的生产技术和装备，经营活动的开展有明确和完善的收支记录。根据定义，家庭农场是经过登记注册的法人组织，农场主首先是经营管理者，其次才是市场劳动者。家庭农场具备协调与管理资源的能力，其经营管理方式具有现代企业管理标准，从而能够获得较高的土地产出率和资源利用率，实现集约化经营管理。

4. 以适当规模为经营基础

家庭农场的内涵告诉我们其种植或养殖必须达到一定的生产规模，这是区别于传统小农户的重要标志。结合我国农业资源禀赋和发展实际，家庭农场规模并不是越大越好。首先，经营规模需与家庭成员的劳动能力相匹配，确保充分发挥全体家庭成员潜力。其次，经营规模与能取得的可观收入相匹配，即家庭农场人均收入达到甚至超过当地城镇居民收入水平。最后，经营规模与家庭投入的生产要素相匹配，以保证要素的集约分配和利用。

5. 以市场价格为导向

内涵决定本质，家庭农场具有企业化管理特征，必然以利润最大化为生产经营目标。利润最大化目标终将以市场价格为导向进行生产经营，这也是工商登记时把家庭农场登记为企业的主要原因。

二、家庭农场与农村其他新型经营主体的关系

家庭农场、专业大户、农民合作社被认为是重要的农村新型经营主体。三者的共同之处都是期望能够扩大农业经营规模，充分运用现代农业生产要素，提高农业生产和经营效率，解决农业生产经营分散、规模过小，农民收入水平难以有效提高的问题。

迄今为止，对专业大户没有清晰的定义和内涵的界定。实际上，专业大户和家庭农场没有本质区别，只不过对专业大户的经营规模和雇工的多少没有像家庭农场那样给予清晰界定。

未来农民合作社将是家庭农场和专业大户自愿结合的经济组织，农民合作社是农民采取自愿联合、民主管理而形成的互助性经济组织。然而，在现实中，由于大多数农户生产规模较小，即使他们参与合作社的经营，其实际收益也是微乎其微的。但是，规模较大的家庭农场则不同，其合作收益可能远远大于合作成本，从而产生强烈的合作愿望。因此，鼓励家庭农场、专业大户之间建立合作社有助于真正形成具有较强市场竞争力的农业专业合作经济组织。同时，通过市场机制的培育，市场生态链、生态圈的逐渐拓展，他们的定义和界限将逐渐模糊化。

三、家庭农场的基本模式

（一）"单打独斗"型家庭农场经营模式

目前"单打独斗"型家庭农场经营模式在我国是较为常见的一种家庭农场模式。该模式操作起来较为简单，且农户在经营管理方面有较强的自主性。然而，家庭农场在生产经营过程中所需的资金、技术等都是由农户自主提供的，因此这种家庭农场经营模式经常面临着资金短缺、生产技术低下、与市场脱节及农户承担较大风险等诸多问题，是一种较为初级的经营模式。

（二）"家庭农场＋专业合作社"模式

"家庭农场＋专业合作社"模式是一种以专业合作社为依托，将农业生产类型相同或相近的家庭农场集中在一起组成利益共同体，通过市场信息资源共享、农业生产资料的统一购买和使用，在农产品的生产、销售、加工、运输、贮藏等阶段，为家庭农场提供包括资金、技术、生产资料、经销渠道等多种社会化服务的模式。这种模式要求合作社具有较强的实力和完整的组织体系。但由于受制于资金、技术和管理水平，大部分专业合作社也只能提供一些简单的社会化服务，组织体系还不是很完善，难以带领家庭农场走向现代农业的发展道路。

（三）家庭农场经营发展中的合作共生模式

在我国现行的土地集体所有制以及家庭联产承包责任制下，土地细碎化问题严重，土地集中较为困难，加上人多地少的基本国情，我国家庭农场走土地密集的大规模化农业道路是行不通的。在这种情况下，不少学者提出适度规模化家庭农场才是我国农业的基本组织形式，但是要在适度规模化下获得大规模的经济效应，创新家庭农场经营模式是必然选择。现阶段，选择合作共生模式，把分散的家庭农场联结起来，通过合作实现家庭农场的集群与工商资本的结合，从而实现农业的区域产业化经营，这才是符合我国国情的家庭农场发展模式。

家庭农场经营合作共生系统，即农村经济生态系统，其共生单元主要由家庭农场、龙头企业及地方政府组成，各个共生单元在市场的主导下以及政策的推动下进行能量交换，进行资源要素的高效配置。家庭农场经营者拥有的土地、劳动力、农业技术等要素与工商企业拥有的资金、管理等要素以及地方政府拥有的资金与项目优势融合在一起，就能实现资源的优势互补。在共生合作模式下，各共生单元之间的要素流动都是双向的，从而形成一个利益共同体。

此外，从利益分配角度考虑，龙头企业与家庭农场可以采用双向持股的形式进行合作。之所以采用双向持股，一方面力图使家庭农场的经营成果与企业利益联系起来，防止企业为获得高利润而损害家庭农场的利益；另一方面家庭农场持有企业的一部分股票，就能参与企业经营成果的分享，这样家庭农场经营不仅能直接获取农产品生产的效益，而且能分享到农产品的加工、销售环节的收益，这极大地拓宽了家庭农场经营收入的来源，促进农户收入的提高。家庭农场经营共生模式其实强调的是一对多的合作模式，即将多个家庭农场在政府项目的引领下聚合在一起，共同联合经营，这样能获得单个家庭农场无法收获的规模效益以及品牌效应。

第二节　家庭农场的认定、申请及补贴

家庭农场当今已成为农业发展的主方向，国家也将会加大扶持力度，那么家庭农场的认定标准是什么？在申请的过程中需要准备哪些材料呢？产业规模有什么要求？家庭农场申请流程是什么？补贴种类有哪些？下面我们来探究。

一、家庭农场身份要求

农场主要求是农民身份。国家鼓励和支持家庭农场的一个重要目的，就是为了提高农民收入，尤其是依靠自己勤劳致富的农民。

所以家庭农场的农场主应该是农民，尤其是本地农民。凡是在农村拥有土地承包经营权者就是农民，否则就不能认定为农民。

二、家庭农场认定标准

●土地流转以双方自愿为原则，并依法签订土地流转合同；

●土地经营规模：水田、蔬菜和经济作物经营面积30公顷以上，其他大田作物经营面积50公顷以上。土地经营相对集中连片；

●土地流转时间：10年以上（包括10年），部分地区要求5年以上；

●投入规模：投资总额（包括土地流转费、农机具投入等）要达到50万元以上；

●有符合创办专业农场发展的规划或章程。

家庭农场认定标准的明确，对一味追求土地经营规模、资本雇工农业变身家庭农场等现象有了更好的整顿，有效避免了"冒充"家庭农场的现象。这对我国家庭农场健康快速的发展有非常重要的意义。

三、需准备书面材料

●专业农场申报人身份证明原件及复印件；

●专业农场认定申请及审批意见表；

●土地承包合同或经鉴证后的土地流转合同及公示材料（土地流转以双方自愿为原则，并依法签订土地流转合同）；

●专业农场成员要有出资清单；

●有符合创办专业农场发展的规划或章程；

●其他需要出具的证明材料。

四、家庭农场产业规模要求

（一）种植业

经营流转期限 5 年以上并集中连片的土地面积达到 30 亩以上，其中种植粮油作物面积达到 100 亩以上（部分区域 50 亩以上）、水果面积 50 亩以上、茶园面积 30 亩以上、蔬菜面积 30 亩以上、食用菌面积达到 1 万平方米或 10 万袋以上。

（二）畜禽业

生猪年出栏 1000 头以上，肉牛年出栏 100 头以上，肉羊年出栏 500 头以上，奶牛年出栏 100 头—200 头，家禽年出栏 10000 羽以上，家兔年出栏 2000 只以上。从事其他特色种植养殖的年净收入达到 10 万元以上。

（三）水产业

经营流转期限 5 年以上，且集中连片的养殖水面达到 30 亩以上（特种水产养殖面积达到 10 亩以上）。

（四）林 业

山林经营面积 500 亩以上、苗木花卉种植面积 30 亩以上、油茶 80 亩以上、中药材种植 30 亩以上。经营用材林地 200 亩—5000 亩，毛竹等经济林 50 亩—1000 亩以上，花卉苗木、林下种植 50 亩—1000 亩，林下养蜂 100 箱—500 箱、林下养殖蛙类 2 万—10 万只。

另外，从事种植养殖结合或综合型家庭农场土地面积达到 50 亩—500 亩；其他种植养殖业由当地县级农业行政主管部门结合实际自行认定。

除以上要求外，各地对家庭农场的管理办法和文件也大有不同，这些不同主要集中在土地经营权期限和产业规模上，如有的地方要求土地经营权期限不得低于 5 年，有的要求不得低于十年，但基本上要求都是 5 年以上的时间。

而产业规模的要求就更五花八门，如湖南湘西州就规定柑橘、茶叶单户土地经营面积需 50 亩以上，土地经营期限 10 年以上；粮食经营面积 100 亩以上，土地经营期限 5 年以上的农户可申请种植类的家庭农场认定。从这个数字来看，单纯的粮食经营种植的农场经营成本巨大，一般人很难掌控，所以建议做家庭农场的话不要做以粮食种植为主的。

所以，关于登记要求的这几点问题，想要申请家庭农场的朋友在成立之前，一定要到当地乡镇的农业站或者县城的农业局去了解当地政策，搞清楚政策后，再考虑种什么，种多大面积，才能顺利成立家庭农场，并获得政策支持。

五、家庭农场申报流程

（一）申报

农户向所在乡镇人民政府（街道办事处）提出申请，并提供以下材料原件和复印件（一式两份）：认定申请书；农户基本情况（从业人员情况、生产类别、规模、技术装备、经营情况等）；土地承包、土地流转合同等证明材料；从事养殖业的须提供《动物防疫条件合格证》；其他有关证明材料。

（二）初审

乡镇人民政府（街道办事处）负责初审有关凭证材料原件与复印件，签署意见，报送县级农业行政主管部门。

（三）审核

县级农业行政主管部门负责对申报材料进行审核，并组织人员进行实地考察，形成审核意见。

（四）评审

县级农业行政主管部门组织评审，按照认定条件，进行审查，综合评价，提出认定意见。

（五）公示

经认定的家庭农场，在县级农业信息网进行公示，公示期不少于 7 天。

（六）颁证

公示期满后，如无异议，由县级农业行政主管部门发文公布名单，并颁发证书。

（七）备案

县级农业行政主管部门对认定的家庭农场，须报市级农业行政主管部门备案。

相较于其他农业项目，家庭农场在名称使用上要求更为严格，需要遵循一定的规则：如名称必须家庭农场字样。除此之外，不同注册性质的农场在名字使用要求上也不相同，必须在以下四种形式中诞生：一是"行政区划＋字号＋家庭农场"，二是"行政区划＋字号＋行业＋家庭农场"，三是"行政区划＋字号＋家庭农场＋有限（责任）公司"组织形式，四是"行政区划＋字号＋行业＋家庭农场＋有限（责任）公司"组织形式。所以这就要求家庭农场在申请之初就要做到名称符合规范，这样申请补贴或补助的时候才能审核通过。

六、申报大额补贴侧重点

现在国家支持家庭农场的政策十分丰富，对于申报政策补贴也可以从家庭农场的不同类型进行分析，有的补贴适合所有的家庭农场，每个类型的休闲家庭农场也有重点关注的项目和补贴。

（一）所有家庭农场都可以享受的补贴

基础设施方面：所有的家庭农场基础设施建设都可以与政府协商解决。但是有一点需要注意，要在家庭农场建设之前就需要与政府沟通，最好先把家庭农场建设项目进行立项，向政府部门进行汇报。如果建好后再沟通和申请，恐怕已经很难拿到配套设施。

休闲方面：一二三产业融合项目重点支持发展休闲农业的园区。国家和各省每年都会评定休闲农业示范点、示范园区等经营好的家庭农场典范，这些家庭农场都可以进行申报，但是园区面积要达到80亩以上。

（二）产业类家庭农场可以申报的补贴

根据产业不同，产业类家庭农场可以分为蔬菜产业、水果产业、林业产业、水产养殖、畜禽养殖、加工产业等方面。

其中，蔬菜种植、水果产业、茶叶产业等可以申报农业农村部的园艺作物标准园建设项目，每个项目补贴 50-100 万元，要求设施在 200 亩以上，露地 1000 亩以上。

林业产业可以申报林业局的名优经济林示范项目，每个项目 200 万元以上；林业局林下经济项目，一般补贴在 10-30 万元。林业局申报成为国家林下经济示范基地、国家绿色特色产业示范基地。

加工产业可以申报农产品产地初加工项目、开发性金融支持农产品加工业重点项目、技术提升与改造工程项目、农产品加工创业基地、农产品加工示范单位等。

（三）观光餐饮类家庭农场可以申报的补贴

观光类家庭农场可以向旅游局申请旅游专项资金、旅游扶贫资金等。在贫困村建设的项目，还可以申请旅游局贫困村旅游扶贫项目资金。

自由基地发展餐饮的家庭农场可以申请三品一标的认证及相关补贴，优质农产品生产基地。

（四）运动体验类家庭农场可以申报的补贴

运动体验类家庭农场以环境优雅、运动拓展、活动体验、亲子教育等为特色。这类家庭农场多设置于市郊，方便都市白领等高收入人群自身与孩子参与体验与亲自，以及公司活动组织进行团队训练。因此其可以申请教育部的教育基地、学生课外实践基地以及儿童、青少年见学基地等。

（五）特色类家庭农场可以申报的补贴

特色文化类家庭农场是依托当地的特色文化、特色饮食、少数民族文化、服饰等特有的产品和文化所建设的休闲家庭农场。

发展特色文化的家庭农场可以申请文化产业发展专项资金，向县委宣传部和文化局等单位申报。

（六）科教类家庭农场可以申报的补贴

科教类家庭农场主要是家庭农场内利用现有的现代农业技术进行农业生产，并逐步将自主研发的技术进行试验示范与推广，并将现代农业技术的展示、展览与体验，让人们认识与体验现代农业的进步与技术发展。

这类家庭农场主要涉及科技局的相关项目，农业科技成果转化、星火计划项目、科技推广与集成技术示范项目等。

其实，无论是何种类型的家庭农场都会有相互融合，都可以从多个角度进行补贴申请，例如科技类家庭农场同时可以发展农业产业，运动体验类家庭农场可以发展观光餐饮。关键是农场主们要学会将自己的家庭农场从不同的角度进行分解，既可以享受产业类，又可以向科技类、旅游类和特色类靠拢，争取从多个部门申请到更多的补贴资金。

第三节　家庭农场成本构成

一、家庭农场成本项目

家庭农场成本项目一般包括：直接材料、直接人工、其他直接支出以及间接费用等。直接材料是指农业生产过程中实际消耗的各种原材料、辅助材料、备品配件，外购半成品、燃料动力等；直接人工是指直接从事生产经营人员的工资、奖金、津贴和补贴；其他直接支出包括直接从事生产经营人员的职工福利费用等；间接费用是指为组织和管理生产所发生的管理人员的工资及福利费用、折旧修理机、机物料消耗、低值易耗品摊销、水电费、办公费、差旅费、运输费、保险费、设计制图费、试验费、劳动保护费、土地开发费摊销等。由于农林牧副渔业的生产受自然生长周期的影响，因此，成本计算期不可能完全一致。一般而言，对经常有产品产出的橡胶、乳牛、家禽，对一年只收获一次或几次的粮食、棉花、果、桑、茶等产品，应在产品的收获月份计算产品的实际成本，因此，农业产品成本计算期可以是定期的，也可以是不定期的。为了正确计算农业生产成本，应按不同的生产类型分别设置农业生产成本、林业生产成本、畜牧业生产成本等账户。对于辅助生产费用、机械作业费用，可以在各业生产成本账户下分别设置辅助生产、机械作业费明细账户进行归集分配，也可另设一级账户进行核算，先按费用发行的地点进行归集，然后分配计入各业成本明细账中。

农产品成本一般由以下一些费用支出项目构成：①固定资产折旧费，如农机具、役畜、生产建筑物的折旧费等；②劳动对象和低值易耗品的费用，如种子、肥料、饲料、农药、燃料、电力、机耕的费用等；③劳动报酬开支；④生产管理费用。在实际核算中，严格按照国家规定，确定某些费用开支项目列入或不列入成本，是保证成本核算的真实性和可比性的前提。

为了便于分析成本的构成及其影响因素，还常将全部费用按其经济性质分为物质费用（物化劳动耗费）和用工折价（活劳动耗费）两大类。也可按费用发生的范围分为直接费用和间接费用。前者包括种子、肥料、农药等物质费用以及直接生产用工的劳动报酬；后者包括部分固定资产的折旧、农田基本建设，以及用于农业管理的物质费用和劳动报酬等。此外，还可按费用与产量之间的关系分为固定费用（固定成本）和变动费用（变动成本）。前者不因产量的变动而变动，在一定时间内保持固定数额；后者随产量的增减而增减，不进行生产时即不发生。

关于农业劳动报酬的计价问题，实行工资制的合作社与家庭农场一般按合作社、家庭农场章程的工资标准计算成本。在其他农业生产单位，不论是实行劳动工分制还是实行包干责任制，其农产品成本中劳动报酬的货币估值都较为复杂。一种意见认为应按生产单位的实际工价计算，以反映该单位的实际成本。另一种意见主张按统一的劳动报酬标准计算，以排除劳动报酬水平差异对成本的影响，使不同生产单位间的成本具有可比性，并利于为合理确定农产品价格提供依据。

二、家庭农场经营成本的特殊性

由于农业生产的特殊性，在进行农产品成本核算时，还须考虑农产品成本的空间（地区、地块）和时间（年度）差异性；并须正确规定自产自用产品的估价办法以及不同作业、不同生产项目的共同生产费用和主、副产品费用的分摊办法等。

农产品成本的降低，是增加农业盈利、增加资金积累、实现农业扩大再生产和提高农业劳动者收入水平的重要条件。降低农产品成本的途径包括：采用先进技术，提高单位面积产量和畜、禽产品率，同时提高劳动生产率，节约活劳动消耗；合理施用肥料、农药，合理进行灌溉、播种，以提高技术措施的经济效果，节约原材料消耗；提高固定资产利用率，降低固定资产的折旧费用；合理调整农业生产布局和农业生产结构，提高农业投资效益等。

随着我国市场经济的发展，农业生产的经营模式也发生了重大的变革。当前，农业会计核算工作处于新旧准则过渡阶段，熟练掌握农业生产业务核算的会计人员欠缺，如何提高农业生产的会计核算水平迫在眉睫。农业会计人才要求了解核算内容的多样性，因为农业经营多涉及农、林、牧、副、渔、工、商、运、建、服等多种行业。

其次，管理体制的复杂性。劳动时间与生产时间不一致，生产周期长，季节性与地域性强，农业生产的产品是有生命的动植物，生产农业经济是再生产和自然再生产相结合的结果。土地是农业生产不可替代的生产资料，农作物和畜禽必须依靠土地才能生长和繁殖。产品的一部分属于国民经济所需的粮食和工业原料，要作为商品和产品出售；另一部分作为劳动对象不出售，直接由产品资金形态转化为储备资金形态。有的劳动资料和劳动对象可以互相转化。因此，家庭农场既是农业生产的承包经营单位，又是农场成员的经营场所。

第四节　家庭农场采购成本管理

农业经营过程中，采购成本的控制在成本控制中起决定作用，采购成本能占到可控成本的 60% 以上。采购一直是影响工业和农业经营主体成功与盈利能力的关键因素。加强采购管理、控制采购成本对一个农业经营主体的经营业绩至关重要。采购成本下降不仅体现在工业和农业中现金流出的减少，而且直接体现在产品成本的下降、利润的增加，以及农业竞争力的增强等方面。由于农业经营主体、涉农农业中饲料、肥料成本占生产成本的比例往往达到 50% 以上，因此，控制好采购成本并使之不断下降，是一个企业不断降低产品成本、增加利润的重要手段，控制好采购成本也是降低农业成本的关键环节。

一、采购项目与途径

（一）采购项目管理

采购项目管理是工业及农业经营主体控制成本的主要管理方式，直接关系到农业的成本和效益。作为各种农业经营主体，包括涉农企业、农业合作社、家庭农场等要做好采购工作，首先要掌握一些采购的基本知识，明确采购的概念，了解采购项目，更要弄懂采购的主要方法、途径，为合理采购、科学采购做好充分准备。

1. 采购的概念

采购是指农业生产前在一定的条件下从供应市场上获取产品或服务作为农业资源，以保证农业生产及经营活动正常开展的一项农业经营活动。农业经营主体采购是指从事农业经营的主体农业在一定条件下从供应市场上获取产品或服务作为农业经营主体的资源,以保证其生产及经营活动正常开展的一项农业经营活动。农业生产中的养殖业涉及的采购活动更多。

2. 采购项目

农业经营主体在经营过程中要采购各种相关的物资与农业生产资料,具体包括以下项目:

(1)物资部分

①农资:肥料、种子、农药、地膜、生产耗材等;

②农机:农用车、水泵、输水管、耕地及播种机械等;

③建筑材料:钢筋、水泥、砖、石子、土方等;

④办公用品:电脑、电话、桌椅板凳、办公耗材等;

⑤养殖设备:各种必需的养殖用具。

(2)服务部分

建设、运输、耕种、收割、储存、技术指导等。

(二)采购方式的选择

采购方式是指农业在采购中运用的方法和形式的总称。农业的采购方式有很多种,农业主体的采购具有自身的特点,因此也应该采用适合的采购方法采购生产原料及其他商品。农业主体常用的采购方法有以下几种:

1. 直接采购

(1)直接采购

直接采购是指作为经营主体的采购方自己直接向商品生产厂家进行采购的方式。直接采购的特点:采购环节少,时间短,采购价格低,手续简便,意图表达准确,信息反馈快,易于供需双方交流、支持、合作及售后服务与改进,可以减少采购环节中不必要的麻烦。

(2)降低采购成本的途径

各种农业经营主体采购生产成本主要以农资、农药、饲料、化肥以及人工为主，各种易损设备为辅。要想降低成本只有降低以上生产资料的价格，但要想降低这些产品的采购价格就必须减少采购的中间环节。为此，农业经营主体农业只有采用联合方式扩大采购数量，直接向生产农业采购，才能起到降低采购成本、增加农业利润的作用。

2. 间接采购

（1）间接采购

间接采购是通过中间商实施采购行为的方式，也称委托采购或中介采购，主要包括委托流通农业采购、调拨采购等。委托流通农业采购主要依靠有资源渠道的贸易公司、农资公司等流通农业实施，或依靠专门的采购中介组织执行。

（2）间接采购的特点

间接采购可充分发挥各种农业服务机构、工商农业、农业经营主体各自的核心能力；减少流动资金占用，增加资金周转率；分散采购风险，减少物品非正常损失；减少交易费用和时间，从而达到降低采购成本并最终降低农业经营成本的目的。

2. 集中采购

集中采购是指农业经营主体在核心管理层建立专门的采购机构，统一组织农业经营所需物品采购的形式。

（1）集中采购的优点

集中采购可以使采购数量增加，增强经营主体与供货方的谈判力度，比较容易获得价格折扣和良好的服务。由于只有一个采购部门，采购方针容易统一实施，采购物料也可以统一安排。采购功能集中，精简人力，提高工作专业化程度，利于提高采购绩效，降低采购成本。可以综合利用各种信息，形成信息优势，为农业信息活动提供信息资源，不仅可以降低采购成本，也可以使农业资源优化。

（2）集中采购的缺点

集中采购的缺点有采购流程过长，时效性差，难以适应零星采购、地域采购以及紧急状况采购的需要。采购与需求单位分离开来，有时可能难以准确了解内部需求，从而在一定程度上降低了采购绩效，影响采购效率。

4.分散采购

分散采购是由规模较大农业经营主体的下属各单位，如加盟社、直属社、农业合作组织的家庭农场、种植大户等实施的满足自身生产经营需要的采购。

（1）分散采购的优点

分散采购相对集中采购而言，采购流程较短或者较为简化、耗时较短、费用较低等，主要适用于零星采购、应急采购或者价值较低的采购，大部分是应急用的各种用品或人工。

（2）分散采购的缺点

分散采购不利于控制采购成本和采购质量，供应及时性、波动性较大，采购过程不易控制，易受采购人员人为因素影响，容易出现偏差，不利于供应商的培养和实现供应链的优化，频繁采购反而会增加采购成本，因条件限制在降低成本上空间较小。

5.联合采购

联合采购是指多个农业经营主体根据各自的需要联合起来组成采购联盟进行的采购行为。

（1）联合采购的优点

①统筹供需，建立产销秩序。

②数量大可享受价格优惠。

③促进同业合作，可以互相促进。

（2）联合采购的缺点

①采购作业手续复杂，主办单位耗费人力物力财力。

②采购时机与条件只能满足大部分的需要，个别需求就要受到影响。

③容易形成联合垄断，与市场经济运行机制冲突。

（3）联合采购的方式

①采购战略联盟。采购战略联盟是指两个或两个以上的农业经营主体出于对整个供应市场的预期目标和农业自身总体经营目标的考虑，采取一种长期联合与合作的采购方式。这种联合是自发的、非强制性的，联合各方仍保持各个主体农业采购的独立性和自主权，彼此依靠相互间达成的协议以及出于经济利益的考虑联结成松散的整体。现行农业经营模式充分利用现有规模效益，降低采购成本、提高农业的经济效益，正在向采购战略联盟的方向发展。

②通用生产资料的合并采购。这种方式主要运用于有互相竞争关系的农业之间，通过合并通用资料、材料的采购数量和统一归口采购来获得大规模采购带来的低价优惠。在这种联合方式下，每一项采购业务都交给采购成本最低的一方去完成，使联合体的整体采购成本低于各方原来进行单独采购的成本之和，这是这些农业的联合准则。这种合作的组织策略主要分为虚拟运作策略和实体运作策略。虚拟运作策略的特点是组织成本低，它可以不断强化合作各方最具优势的功能和弱化非优势功能。在农业经营主体需要人力资源时也可采用这种方式。

6.电子采购

现代农业经营主体的电子采购方兴未艾。电子采购是电子商务的重要形式，也是采购发展的必然趋势，它不仅是形式上和技术上的改变，更重要的是改变了传统采购业务的处理方式，优化采购过程，提高采购效率，降低采购成本。

（1）电子采购的优点

①通过电子目录，可以快速找到更多的供应商；根据供应商的历史采购电子数据，可以选择最佳的货物来源，可以对相同类型的产品近距离比较，优中选优。

②通过电子采购流程，缩短采购周期，减少采购的人工操作错误；通过供应商和供应链管理，减少采购的流通环节，实现"端对端"采购，缩短采购链。

③通过电子招标、电子询价等采购方式，形成更加有效的竞争，从而降低采

购成本。适合网上采购的农业用品，应建立内部网和管理信息系统，构建自己的电子商务系统，早日实现网上采购，从而提高农业的经济效益。

（2）电子商务模式类型

①B2C：企业与消费者之间的电子商务（Business to Consumer，即 B2C）。

②B2B：企业与企业之间的电子商务（Business to Business，即 B2B）。

③C2C：消费者与消费者之间的电子商务（Consumer to Consumer，即 C2C）。C2C 商务平台就是通过为买卖双方提供一个在线交易平台，使卖方可以主动提供商品上网拍卖，而买方可以自行选择商品进行竞价。

④O2O：线下商务与互联网之间的电子商务（Online to Offline，即 O2O）。这样线下服务就可以用线上来揽客，消费者可以用线上来筛选服务，还有成交可以在线结算，很快达到规模。该模式最重要的特点是：推广效果可查，每笔交易可跟踪。

⑤BOB：是 Business-Operator-Business 的缩写，意指供应方（Business）与采购方（Business）之间通过运营者（Operator）达成产品或服务交易的一种新型电子商务模式。

农业经营主体可以根据不同的采购目的、不同的采购形式进行选择，所有这些电子采购类型都是现代电子平台的产品。

7. 比价采购

比价采购是指采购人员请数家厂商提供价格，比价之后，决定厂商进行采购事项。在市场经济中，农业合作社、家庭农场等农业经营主体和涉农农业企业、种粮大户为了降低成本，普遍采用比价采购的方法。

（1）比价采购的作用

①比价采购有助于降低生产成本，提升农业的市场竞争力。市场经济下，农业种植、养殖、加工等涉农经营主体步入了微利时代。尤其是普通蔬菜种植和动物养殖业这几年增长迅猛，同行间又缺乏自律意识，过多过滥地运用价格杠杆，

走低价扩张的道路，导致农业举步维艰，饲料、农资的价格稍许波动，对农业产品利润都影响巨大。比价采购显然有助于涉农农业在同类产品供应商中寻找合适的合作伙伴，为农业降低成本提供条件。

②比价采购有利于赢得优秀供货商，鞭策其提升产品质量和服务。农业的采购是为了维持产品正常生产持续不断的一种行为，一个良好的供应商决不会毕其功于一役，决不会沾沾自喜于谋取了一次供货机会而不注重所供产品的质量，不加强产品的售后服务。他们清楚地知道，在群雄角逐的环境下，不注重质量与售后服务，其他的供应商马上就会取而代之。供应商注重其提供产品的质量，对农业保证自身产品的质量也大有裨益。

（2）比价采购应该注意的问题

①要注重产品的性价比，切勿一味追求低价。在竞争加剧的市场里，随意定价的结果要么是价格大大高于价值，失去购买者，要么是价格低于价值，失去农业应有的利润空间。显而易见，这二者对供应商来说都是不愿看到的。对购买产品的农业经营农业来说，性价比是关键，有些辅助生产资料，价格是高些，但它经久耐用，从使用时效上考虑，其总成本反而显得低些。有些农业为了控制生产成本，一味压低供应商的供货价格，须知在供应商难以维持的时候就会迫不得已地采用改变配方、寻找低价替代品等最终影响产品质量的办法，这显然是不可取的。

②选择合格的供应商，同一产品供应商至少两家以上。比价采购的关键是在采购工作中引进竞争机制，这种竞争不仅应该在供应商的选择阶段，而且应该始终保持在双方往来的过程中。这样做最大的好处是对供应商始终保持着压力，鞭策供应商不断提升产品质量，不断关注售后服务，不得随意做出提价决定，因为他必须顾忌另一家供应商在质量、价格、服务上可能推出的新措施。

③改造大型设备技术，在多家供应商中比较，同时听取专家意见。一般设备的购置尽管不用经过招投标，但不仅要听供应商的介绍，而且要到已经使用了该

设备的单位去考察，乃至请有关专家根据本农业的实际需要提供建议。这样做的好处是保证花钱购买的设备货比三家、物有所值，既节约了采购成本，又创造了极大的社会效益。

二、影响采购成本的因素

（一）采购人员素质要求

要做好采购工作，农业经营主体必须有一支高素质、有战斗力的采购队伍。采购人员素质是对采购人员的天资、思想、品德、知识、能力的总称，即采购员应具备的基本条件。我们认为，采购人员应具有以下几方面的素质：

1. 采购人员自身素质要求

讲诚信、有信用是一个采购员应有的基本素质，一般只有具备高尚的道德品质，才能大公无私、克己奉公，处处为农业经营主体大局着想，不贪图个人小利。所以作为农业采购人员应该具备一定的品德素质。

（1）诚实守信

诚实，即忠诚老实，就是忠于事物的本来面貌，不隐瞒自己的真实思想，不掩饰自己的真实感情，不说谎，不作假，不为不可告人的目的而欺瞒别人。守信，就是讲信用，讲信誉，信守承诺，忠实于自己承担的义务，答应了别人的事一定要去做。忠诚地履行自己承担的义务是每一个现代公民应有的职业品质。对人以诚信，人不欺我；对事以诚信，事无不成。

（2）廉洁自律

采购人员应做到胸怀坦荡，大公无私。"缺货或断货"实为采购人员最大的失职。造成短缺的原因固然很多，但如果采购人员能有"舍我其谁"的态度，高度负责地采购所需的物料，则农业的损失将会大大减少。采购人员要有很强的工作责任心和敬业精神，更要树立良好的职业道德，把农业的利益放在首位，严格把好进货关。

（3）虚心与耐心

采购员虽然在买卖方面较占上风，但对供应商的态度必须公平互惠，甚至不耻下问、虚心求教，不可趾高气扬、傲慢无礼。与供应商谈判或议价的过程，可能相当艰辛与复杂，采购员更需有良好的修养，保持平和的心态，才能气定神闲地进行工作。居于劣势时，亦能忍让求全，不温不火，克己奉公。

（4）遵守纪律

采购员是外出执行采购的人员，他们的一言一行都代表着农业与外界打交道的形象，他们的工作好坏不仅影响农业的效益，而且影响农业的声誉。因此，农业对采购员规定的若干纪律，采购员必须自觉遵守并严格执行。

2. 采购员的业务素质

采购人员除具备一定的品德素质外，还必须要具备采购工作的业务素质，以便更好地完成采购任务，服务农业的生产经营。采购员具体要具备两项基本业务素质：

（1）采购人员知识素质

在采购工作中，一方面采购人员要与不同类型的供货商打交道；另一方面，采购的商品品种繁多、规格不一，且市场上商品的供求变化快，为此，采购人员应该具备采购任务所需要的知识，了解和熟悉相关政策、法律、法规。

①市场学知识。了解消费者需要，掌握市场细分策略以及产品、价格、渠道、促销等方面的知识，才能合理地选择采购商品的品种，从而保证采购的商品适销对路。

②业务基础知识。业务知识包括谈判技巧、商品知识（商品功能、用途、成本、品质）、签约的基本知识等，这是做好采购工作的关键，将有助于与供应商的沟通，能主动进行价值分析，开发新产品或替代品，有助于降低采购成本。

③社会心理知识。了解客户的心理活动，把握市场消费者的心理需求，从而提高采购工作的针对性。

④自然科学知识。自然科学知识包括自然条件、地理、气候、环境变化以及数理知识和计算机知识。将现代科技知识用于采购过程，把握市场变化规律，才能提高采购工作的效率与准确性。

（2）采购人员能力素质

知识不等于能力。国外心理学家研究表明，要办好一件事，知识起的作用只有1/4，而能力起的作用占3/4，可见能力更为重要。要干好采购工作，采购人员同样应具有相应的能力。我们把采购人员具备的能力归纳为：

①分析能力。分析市场状况及发展趋势，分析消费者购买心理，分析供货商的销售心理，从而在采购工作中做到心中有数、知己知彼、百战百胜。

②协作能力。采购过程是一个与人协作的过程，一方面采购人员要与农业内部各部门打交道，如与财务部门打交道解决采购资金、报销等问题；与仓储部门打交道，了解库存现状及变化等。另一方面，采购人员要与供应商打交道，如询价、谈判等。采购人员应处理好与供应商和农业内部各方面的关系，为以后工作的开展打下基础。

③表达能力。采购人员是用语言与供应商沟通、谈判的，因此，必须做到准确、清晰地表达采购的各种条件，如规格、数量、价格、交货期限、付款方式等。如果口齿不清、说话啰唆，只会浪费时间，导致交易失败。因此采购人员的表达能力尤为重要，是采购人员必须锻炼的技巧。

④成本分析和价值分析能力。采购人员必须具备成本分析能力，会精打细算。买品质太好的商品，物虽美，但价格高，加大成本；若盲目追求"价廉"，则必须支付品质低劣的代价或伤害其与供应商的关系。因此，对于供应商的报价，要结合其提供商品的品质、功能、服务等因素综合分析，以便买到适宜的商品。

⑤预测能力。在市场经济条件下，商品的价格和供求在不断变化，采购人员应根据各种产销资料信息及供应商的态度等来预测将来市场上该种商品供给情况，如商品的价格、数量等，从而合理设计采购流程。

（二）采购流程的设计

1. 采购流程

（1）采购订单的下发

①通常情况下，采购员接到缺料通知，应获取缺料以下基本信息：存货编码、产品型号、数量。

②分析缺料信息是否合理，再将订单下给供应商。订单必须含有以下信息：材料型号、数量、单价、金额、计划到货日期。

③采购审核员根据具体情况进行订单审核。

④订单传真给客户以后，采购员需要与客户确认采购信息，并要求签字回传。

（2）订单完成情况的跟踪

采购订单完毕以后，采购员根据采购订单上要求的供货日期，每隔一个时间段就向供货商反复确认采购货物的进展情况，严格执行供货进度计划直至所采购物品按质按量地运达采购单位。

（3）采购物品的入库

①实物入库。收货员收材料之前须确认供应商的送货单是否具备以下信息：供应商名称、订单号、存货编码、数量；如送货单上的信息与采购订单不符，征求采购员意见后确认是否可以收下。

②单据入库。采购员根据检验合格单，将检验单上的数据录入到数据库中，便于以后对账。但也有可能存在一些问题，表现为：外加工的检验合格单没有入库；采购入库订单号和数量比较混乱。

（4）退货、对账与付款

对不符合采购要求的采购物品要及时填写采购退货单，及时与供货单位联系办理退货手续。同时要做好与对方的对账工作，办理付款手续。

①月结表。每个月月初，各供应商将上月月结表送至本公司，采购员根据公司收货员签字的送货单、公司的入库单据和单价表核对月结表，核对月结表中出

现的以下情况：有无订单号、存货编码、退货数量，上月欠款余额，发生额和本期欠款余额等信息。

②增值税发票。核对发票上的以下信息：采购实体的全称（抬头书写）、账号、税号，发票上的材料名称、数量、金额。根据采购前约定的付款要求，编制付款计划，办理付款手续，按照付款要求及时付款。

2. 采购流程优化

（1）及时发现问题

采购方认真核对，确认采购物品数量和质量要求后提出需求条件。只有具体的使用者知道他们的需求是什么，而不是决策者。要及时发现问题、做好记录。

（2）项目可行性研究

对采购过程中发现的问题，应逐层汇报，对采购项目的可行性进行论证，通过市场分析、技术分析和财务分析，对采购项目的经济合理性进行综合评价。可行性研究的基本任务，是对采购项目的主要问题，从技术经济角度进行全面的分析研究，并对其今后的经济效果进行预测，在既定的范围内进行方案论证的选择，以便最合理地利用资源，发挥资源的最大效用。

（3）项目立项

这一阶段一般会组建由使用部门、技术部门、财务部门、决策部门等人员共同组成的项目采购小组，进一步确认项目的可行性，具体研究项目的立项，为下一步实施做准备。

（4）确定采购的技术标准

这一阶段是经营主体的采购标准制定阶段。通常由使用部门和技术部门分析需求，再把需求转化成采购标准量化管理，采用数字化标准便于实施过程中科学操作。

（5）项目评标

采购主体一般会与两家以上的供货商进行洽谈，以便进行评估和比较，得到更好的商业条件，"优中选优、优中选廉"，选择最适合的供应商。

（6）合同审核

这一阶段，供需双方会进一步开展商务谈判，努力争取附加价值，追求最大效益。采购人员要进一步审核采购产品的技术标准、规格和数量以及付款方式等，完善采购合同的内容，审核合同的合法性、合理性。

（7）签订协议

本阶段是签订合同和合同实施阶段。合同的签订并不意味着交易的结束。销售人员要按合同认真履行承诺，准时交货，认真验货，督促合同的实施。了解客户内部采购流程，是农业经营主体完成采购任务的前提。

三、控制采购成本技巧

（一）控制采购数量与质量

采购过程中的质量成本是指在原材料供应过程中由于质量不良而造成的成本损失。由于质量不良造成的损失是惊人的。如何在采购中预防质量问题的发生，以下六种措施将非常有效：

1. 建立分工明确的组织机构

目前，越来越多的采购方把供应商开发和供应商管理职能从采购管理中分开，分别成立独立的资源开发与资源管理部门，并设置专人对供应商质量进行管理。供应商质量管理包括与供应商绩效相关的原材料品质、成本、交货期及服务等各项指标的管理。明确的分工对应明确的职责：供应商开发工程师负责对供应商的产品符合性及技术工艺能力进行初步评估；供应商质量工程师会在生产过程中运用各种系统工具对供应商的质量绩效进行有效的管理和定期的评估。这样的管理结构能有效地控制和预防采购质量风险的发生。

2. 执行清晰的供应商认证程序

对潜在供应商进行认真的审核与认证是全面了解供应商能力的最好手段。通过对供应商的现场审核，采购方可以全面了解供应商的生产运营状况、技术水平、研发能力、管理体系及信息化程度，这为避免采购风险的发生奠定了基础。审核的内容包括质量认证体系、设备与工艺能力、研发能力、生产流程及过程控制、生产能力及生产饱和度、财务状况、订单管理、客户管理及客户服务、原材料管理、员工素质和环保措施等方面。

3. 定期评估供应商的绩效

对供应商进行定期评估可以使采购方及时了解和把握供应商各方面的情况变化，以便随时对其技术能力、管理能力、供应能力及各种风险做出科学的推断。主要评估的指标包括供应能力、国际化／本土化能力、研发与创新能力、主动性与灵活性、信息化能力、品质绩效、运送绩效、仓储优势、服务绩效、价格方法、财务优势、利润与库存周转率及潜在风险。

清晰明确的需求是与供应商沟通过程中的关键。在很多时候，标准不清楚是导致原料质量问题的主要原因，造成修改与更新费用的增加及交货期延迟。

4. 提高采购人员的素质

在很多情况下，采购方派出质量控制或技术人员与供应商共同探讨改善产品质量的途径，能有效提高质量改进的效率。虽然这种做法表面上增加了一些成本，但它却加快了产品质量的改善速度，使农业的整体质量成本得以下降。

高素质的采购团队能使供应管理具有高效率，并能在追求成本降低的同时，科学地判断和预防采购风险。良好的沟通能力、对原材料市场的熟悉程度及市场敏感度决定了采购人员能否有效控制风险的发生。有些采购人员为达到降低成本的目的，没有针对现有成本进行认真分析，而采取一味打压供应商价格的方法，往往迫使供应商选择未达标准的廉价材料进行生产，或降低生产过程中的质量控制标准，结果导致质量事故频繁发生，这使采购方用来处理质量问题的成本远远超过了原材料降价带来的成本节约，得不偿失。因此，培养和提高采购人员的素质，建立高效率的采购团队是非常重要的一环。

为了减少因重复采购而造成资金积压，农业物资部门要严把计划审批关口。通过严格把关、综合审批，把资金占用降至最低；同时，定期对产品规格及产品结构成本进行审核，及时找出因产品规格及产品结构成本不合理造成的采购成本流失，从而逐步降低采购成本。合理确定采购价格，确定物资采购价格是控制采购成本的关键。为了能够采购到质优价廉的物资，可以提前建立价格档案、价格评价体系及供应商档案，并推行准入制度，对每一批物资的采购价格分析出价格差异。提前分析价格差异确定出新的合理采购价格。具体方法：

（1）对于有农业控制价格的物资，要求合同价格必须比农业控制价格低于2.5%（农业可以根据自身特点，结合实际情况确定具体的幅度）。

（2）对于非农业控制价格的物资，要比照上年度合同价格和当前市场价格下降2.5%以上。

（3）对于从未签订过采购合同的物资，可以通过多家询价，根据市场行情，力争价格最低。优选适合的供应商，优选供应商也是控制物资采购成本的关键所在。对重点物资的供应商必须经过质检、物资、财务等部门联合考核后才准进入，如有可能还应当到供应商生产地进行实地考察。此外，还可以从组织机构、运行规则、市场准入推荐程序、资质考核等方面，加大对农业内部二级物资市场的管理力度，扩大二级网络中名优厂商的比例。通过对不同供应商的选择和比较，使其相互竞争，使农业在采购谈判中始终处于有利地位，确保进入农业内部市场的厂商资信和产品质量都有可靠的保证。对于归档的供应商也应实行定期考核和评价，并同采购人员的业绩与奖惩挂钩，形成优进劣出的动态管理机制，促使市场管理水平跃上一个新台阶。

（二）完善采购制度建设

制度是规范农业生产经营行为的依据。企业应该在听取各方面和各层次意见与建议的基础上，不断完善采购制度，逐步修订和完善制度及实施细则和考核办法，严格执行，以制度管人，并进行认真检查与考核。通过物资管理部门内部整合业务流程，实施管理分层、采购、招投标和仓库管理等物资管理基础工作，规范农业采购活动，提高工作效率，杜绝采购人员违规行为，从而达到节省费用支出的目的。

（三）合理确定采购价格

确定物资采购价格是控制采购成本的关键。为了能够采购到质优价廉的物资，采购部门可以提前建立价格档案、价格评价体系及供应商档案，并推行准入制度，对每一批物资的采购价格分析出价格差异。因此，采购部门应该根据提前分析价格差异确定出新的合理采购价格。具体方法：

1. 对于有农业控制价格的物资，要求合同价格必须比农业控制价格低 2.5% 以上（农业可以根据自身特点，结合实际情况确定具体的幅度）。

2. 对于非农业控制价格的物资，要比照上年度合同价格和当前市场价格下降 2.5% 以上。

3. 对于从未签订过采购合同的物资，可以通过多家询价，根据市场行情，力争价格最低。

（四）优选适合的供应商

优选供应商也是控制物资采购成本的关键所在。对重点物资的供应商必须经过质检、物资、财务等部门联合考核后才准进入，如有可能还应当到供应商生产地进行实地考察。此外，还可以从组织机构、运行规则、市场准入推荐程序、资质考核等方面，加大对农业内部二级物资市场的管理力度，扩大二级网络中名优厂商的比例。通过对不同供应商的选择和比较，使其相互竞争，使农业在采购谈判中始终处于有利地位，确保进入农业内部市场的厂商资信和产品质量都有可靠的保证。对于归档的供应商也应实行定期考核和评价，并同采购人员的业绩与奖惩挂钩，形成优进劣出的动态管理机制，促使市场管理水平跃上一个新台阶。

为了减少因重复采购而造成资金积压，农业物资部门要严把计划审批关口。通过严格把关、综合审批，把资金占用降至最低；同时，定期对产品规格及产品结构成本进行审核，及时找出因产品规格及产品结构成本不合理造成的采购成本流失，从而逐步降低采购成本。

（五）加强采购物品检查

对能进行网上采购的物资，尽量网上采购。采购人员应对网上采购物资信息进行严格处理和整合把关，以求得最大的批量折扣。利用互联网可最大限度地减少人为因素的干预，减少仓储成本和资金占用。

对于物资的采购，一个有效的方法就是实行竞争招标，因而要尽量采取招标的方式进行物资采购，这也是今后发展的趋势。通过招标，从厂商选择、采购价格、签订合同等各个环节，进一步确定招标采购的范围和品种，杜绝回避招标及个别行政领导确定厂商等不规范现象，从而客观有效的规范部分物资的采购渠道。

为了保证入库物资的质量，物资部门要制订并细化《物资质量目标控制管理方法》，设立计划编制、合同签订、接运装卸、入库检查等几个质量管理标准；同时，还要加强对供应商质量保证能力的审查，坚持必检物资报检制度，加大对非检物资的抽查力度，努力使质量监督率、质量事故追究率都达到100%。

第五节　家庭农场生产成本管理

在国家惠农政策支持的大环境下，要发展现代农业，一靠投入，二靠人才，三靠管理。农业生产受自然条件限制，投资周期长、见效慢，回本期长。多数农民不知道人、财、物如何管理才能提高效率，创造更大的经济效益。新型农民经营主体中的种养大户、家庭农场、农民专业合作社随着规模的扩大，作为经营管理中的第二项——生产管理，更成为农业生产经营的基础和重心。

一、明确生产流程

农业生产是人类利用自然环境条件，依靠植物、动物、微生物的生理机能，通过劳动强化和控制生物的生命活动过程，以获得社会需要的物资产品的社会生产活动，主要分为农、林、牧、副、渔五大生产部门。

农业生产的特点：

（1）农业生产与自然环境密不可分。主要是指与土地、大气、阳光、水、气候、动物、植物等自然条件互为环境和影响。

（2）农业生产与植物、动物、微生物等对象打交道。人们依靠植物的生理机能，进行光合作用制造物质能量，形成初级产品的同时，也通过动物自身将部分物质能量转化为动物产品（如养殖业）。

（3）农业生产与自然生产和经济生产过程自成规律。农业的重复生产过程就是动植物的生命活动不断循环的过程，是人们获取生活必需和延续生命需要的物资再造过程，具有不可抗拒的内在规律。

（4）农业生产为人类提供基本生活资料的目的明确。农业的自然属性和社会属性都决定了农业生产的目的就是最大限度地满足人们不断增长的物质文化的需要。

（一）农业生产过程

1.农业生产过程定义

农业生产过程就是人们把无机物转化为有机物，把太阳能转化为化学能的物质与能量的转化过程。农产品的生产过程还是人们进行生产劳动的过程，人们通过自己的生产劳动去强化或控制动植物的生命过程，使其按照人们需要的方向发展。农业生产的管理过程就是强化和控制动物、植物、微生物的生命活动过程。管理的目的是提高劳动生产率、农产品质量和获取更大的经济和社会效益。农业生产过程主要包括：作物选种→移栽→田间管理→收割。

2. 农业生产的类型

随着现代农业的发展，人们接触的农业类型将是生态农业、立体农业、观光农业、精细农业、精准农业、绿色农业、蓝色农业、白色农业、创汇农业和都市农业等。不论哪种形式的农业，利润最大化始终是其追求的重要目标。

（二）种植业生产流程

种植业的流程比较复杂，比如说种水稻，首先要如何选种，然后怎么培育，什么时候需要施肥，什么时候需要耕田，收割之后如何卖等等，都是要考虑的问题。

1. 营养土准备

（1）细土用量：按每亩大田备足过筛细土 $0.13m^3$ 作营养土和覆土使用。

（2）床土采集：适合作床土的是菜田土、旱谷田土及秋耕、冬翻、春秒的稻田土等。需要注意的是，不要取施过除草剂的田土作床土。开春后雨季来临前，应将细土采集到位，并用 $8 \times 8mm$ 的钢丝筛过筛后堆放保管。

（3）配制营养土：落谷前按每立方米细土拌旱秧绿 5kg 配制营养土，营养土拌肥要均匀，每分秧池田按 $1m^3$ 营养土准备。注意：营养土对含水率无特殊要求，以操作方便为宜。

有孔底膜准备：

①农膜用量：每亩大田备足宽 1.4m、长 4.2m 的农膜。

②农膜厚度：选择的农膜厚度要适宜，过厚则成本较高，过薄则易破损，导致秧根下扎。

③农膜打孔：将 50 亩大田所需的农膜一次性绕在长 2m、宽 0.3～0.4m、厚 0.02～0.05m 长方体形的规格木板上，然后用孔径为 φ3mm 的皮带冲子打孔。农膜上的孔距为 3～4cm。孔距不能小于 3cm，否则孔太密，秧根易下扎，秧苗盘根不好；孔距不能大于 5cm，否则孔太稀，不利于膜上与膜下的水、气交换。

2. 秧田准备

（1）秧池面积：按秧池与大田比例 1：100 留足秧池田。

（2）秧畦规格：①秧畦宽 1.4m；②畦沟宽 0.25m，深 0.15m；③秧田埂四周沟宽 0.3m，深 0.2m。

（3）秧田选择：选择排灌方便、靠近水源、运秧方便的田块作秧池田，每块秧池面积以 0.5～1 亩之间为宜。

（4）秧池田耕整：①冬季耕翻冻融；②落谷之前 15 天耕田耙地，开沟上水做板后放水晾干，秧板要达到"光、平、实、直"，落谷时秧板能站人，且无下陷的脚印。

3.种子准备

测算用种量：根据机插水稻品种所要求的亩基本苗，综合稻种千粒重、发芽率、发芽势及机插成活率等因素的影响，并留有一定的预备苗，每亩大田应备足精选种子 4kg。浸种前应做好晒种、筛种、风选和比重选种，确保种子质量。

（1）肥料：细土培肥用旱秧绿，按每立方米 5kg 准备。

（2）农药：①浸种药剂如"使百克"按 3kg 种子准备 1 袋（2ml）、"吡虫啉"按 5kg 种子 1 袋（8g）准备；②床土消毒剂如"敌克松"按每亩秧池 1kg 准备；③畦土杀虫剂如"克·甲"按每亩秧池 0.3kg 准备。

（3）木板条：宽 4cm、厚 1.7～1.8cm、长 3m 以上的规格木板条准备 6～8 根，越多越好；宽 10cm、厚 3cm 左右、长 1.5m 的刮土直木板准备 2 根。

（4）芦苇秆：按秧畦长度每隔 30cm 放一根 1.3m 长的芦苇秆备足。

（5）覆盖农膜：按每亩大田春茬秧宽 2m、麦茬秧宽 1.5m，长都是 4.2m，备足覆膜。

（6）切秧刀具准备：每个育秧点在农闲时应按规定尺寸做好长切秧刀 1 把，短切秧刀 1 把，切秧刀架 1 个。

（7）稻草：按秧池面积准备，以盖好秧畦为宜。

4.精量播种

（1）合理安排播期：播种期应根据前茬作物腾茬时间和机插大田耕整后需

沉实1~2天及插秧机的日作业量等因素而确定,移栽时的秧龄一般不超过28天。

（2）播种密度的测定：播种密度越大,漏插率越低,但随着苗龄增大,秧苗素质衰弱快,适宜机插的秧龄弹性小；而播种密度越小,空穴率易增大,秧苗素质好,适宜机插的秧龄弹性大,过稀则无法保证亩基本苗数。播种密度与水稻亩基本苗、种子千粒重、发芽率、发芽势、机插成活率、插秧机株距及取秧量的选择等因素有关,据多年试验示范测算,常规粳稻如武育粳3号、南粳41等品种的播种密度以干种0.75kg/m² 左右为宜。

（3）浸种催芽：①药剂浸种：用药剂如使百克和吡虫啉兑水浸种,粳稻浸足80日,药剂用量按使用说明书上的规定施用；②催芽：可用常规方法催芽,催芽应在2天内完成,催至破胸露白时即可落谷。

（4）落谷操作步骤：①畦面撒施畦土杀虫剂如克·甲；②铺有孔底膜；③畦面两侧嵌1.7cm厚的木板条,畦面两侧木板条之间的距离为1.3m；④铺放培过肥的营养土；⑤用刮土板刮平营养土；⑥用水泵打水漫灌营养土后,放掉所灌之水；⑦喷施营养土杀菌消毒药剂敌克松；⑧芽种过秤,平分到每个畦子后均匀落谷,每个畦子至少分三次播完；⑨覆土：以未培肥的细土盖种,覆土厚度0.3cm左右,以看不见种子为宜；⑩在畦面上每隔30cm平放一根芦苇秆；⑪封膜：覆膜四周要绷紧并封严封实,封膜后,如遇雨天要及时清除膜上的积水,防止闷芽和烫苗；⑫盖草：为防高温烧苗,膜内温度应控制在35℃以下,覆膜上要盖稻草,盖草厚度以覆膜上有花斑太阳光为宜。

（5）揭膜：播后3~4天,待齐苗后视天气情况揭膜。晴天于傍晚时揭膜,阴天可于早晨揭膜,雨天应在雨后揭膜,揭膜后上一次足水,随即排干,进入苗期管理。苗期管理：①水管措施：在揭膜时灌一次足水并排干后实行旱育,不漫灌,田沟不保水,提高秧苗素质和促进根系发达。喷水的原则：只要畦面不发白,秧苗不卷叶,都不洒水。移栽前3~4天喷一次足水,以利秧苗切块移栽。控水炼苗,增强秧盘的盘结力,如遇高温时可洒水补湿,遇大雨时需用农膜遮雨,防止秧块含水量过大，不利移栽。②肥控方法：用旱秧绿进行细土培肥后，一般情况下，除出嫁肥外，苗期可不施肥。具体应视苗情施肥，如需施肥，则在一叶一心喷施或浇施少量尿素，在移栽前 3 ~ 4 天结合喷水喷施出嫁肥，亩用尿素 1 ~ 4kg，施肥量不可擅自加大。施过出嫁肥后，应在预定时间内机插，否则易造成秧苗徒长。如秧苗生长过快，可在 2 叶期每亩喷施 15% 的多效唑 60 ~ 80 克。③病虫害防治：秧田期主要病虫害有灰飞虱、稻蓟马、纹枯病、苗瘟病等，特别是要重点防治灰飞虱，以防感染条纹叶枯病病毒。秧苗 2 叶期后应密切注意病虫害发生情况，及时对症用药防治。在移栽前 1 ~ 2 天进行一次药剂防治，带药下大田。④适宜机插的秧苗要求：秧龄：适宜机插的秧龄以 15 ~ 25 天为宜。苗高：机插效果较好的秧苗高度为 15 ~ 21cm。盘结力：盘结力在 6kg 左右，秧苗盘根要好，达到秧块提起不散落。含水量：秧块含水量在 35% 左右，用手指捏秧块背面，有潮湿感，但无滴水现象为准。

5. 切块移栽

用切刀和切秧架按宽 27.5 ~ 27.9cm、长 60cm 左右的规格切成直角方块，小心卷起，运到田头待插。在运秧过程中，应注意卷秧叠放层数以 3 层为宜，不宜过多，严防秧块变形，不利机插。

（1）播前准备

①品种选择

经济作物品种的选择：一方面要紧跟市场前沿，选择具有一定市场竞争力的名、优、新、稀、特品种；另一方面着眼品种自身特性，选用高产、抗逆、稳产、广适、冬性明显的品种。选择的种子必须药剂拌种或种子包衣。对于粮食、油料等大田作物来说，除具有经济作物品种的要求外，还要在抗倒伏、抗作物疫病、密植（紧凑）型、出成率等方面多加注意。

②深松深耕

经济作物从重茬、防根结线虫病等因素考虑、大田作物从植物根系发育对土壤的要求来看深松深耕的重要性。一般 3 年深松深耕一次，采用深松机深松 30 厘米以上。深松或深耕后及时合墒，机械整平。

③秸秆还田

前茬作物收获后，进行秸秆粉碎还田，秸秆长度小于 10 厘米，均匀抛撒于地表。

④施足底肥

提倡施用有机肥，兼顾氮磷钾复合肥，其用量根据不同作物确定。

⑥旋耕整地

采用旋耕机旋耕两遍，深度一般在 12 厘米以上。

（2）精细播种

①经济作物规模化种植要建育苗场

为提高作物产量、改善品质、增加经济收入，掌握育苗技术尤为重要（蔬菜、花卉、苗木）。一个育苗场应具备必要的基质、育苗床、穴盘、营养钵、遮阳网、喷滴灌、消毒等设施设备，具备床土配制、种子消毒、浸种催芽、播种、苗期管理、病虫害防治等育苗技术。目前，由于大规模采用设施化栽培，种子育苗被广泛采用，使经济作物实现了四季生产，常年供应。

②大田作物要确定好播种期、播种量

小麦播种一般在 10 月的中上旬进行，播量根据精播、半精播要求确定。玉米分春夏两季，一般夏季直播在 6 月 10 日（6 月 6 日前后芒种）前完成，播量要根据品种特性合理密植。油料作物一般也是分春夏两季播种，具体时间视情况自己掌握。

6.过程管理

首先介绍的是蔬菜种植过程管理（以生产无公害蔬菜为例）：

发展无公害蔬菜，重点是把好生产基地选择与改善、种植过程无害化、蔬菜残留毒物检测"三关"，抓好产地环境、品种选用、培育壮苗、科学栽培、病虫害综合防治、质量检测"六大环节"。总的来说就是采取无公害蔬菜生产技术措施，使基地环境、生产过程和产品质量达到无公害标准要求。选择好环境条件，确保无公害蔬菜生产的基本要求。

（1）环境选择

①作为生产无公害蔬菜地块的立地条件，应该是离工厂、医院等三公里以外的无公害污染源区。

②种植地块应排灌方便，灌溉水质符合国家规定要求。

③种植地块的土壤应土层深厚肥沃，结构性好，有机质含量达 2% ~ 5%。

④基地面积具有一定规模，土地连片便于轮作，运输方便。

（2）灌溉方法

①沟灌: 沟灌水在土壤吸水至畦高 1/2 ~ 2/3 后, 立即排干。夏天宜傍晚后进行。

②浇灌：每次要浇透，短期绿叶菜类不必天天浇灌。

（2）施肥方法

①基肥、追肥

a. 氮素肥 70% 作基肥，30% 作追肥，其中氮素化肥 60% 作追肥。

b. 有机肥、矿质磷肥、草木灰全数作基肥，其他肥料可部分作基肥。

c. 有机肥和化肥混合后作基肥。

②追肥按"保头攻中控尾"进行

苗期多次施用以氮肥为主的薄肥；蔬菜生长初期以追肥为主，注意氮磷钾按比例配合；采收期前少追肥或不追肥。

（4）病虫防治

蔬菜病虫害综合防治技术是无公害蔬菜生产最关键的一个环节，防治原则一是培育和选用抗（耐）病虫品种，调节蔬菜生育期等，提高蔬菜对病虫的抵抗能力；二是防止新的病虫侵入，对已有的病虫采取压低越冬技术、切断传播途径等手段，防止病害侵染，或将虫害消灭于严重危害之前；三是栽培管理，改善菜田生态系统，创造一个有利于蔬菜生长发育而不利于病虫发生发育的环境条件。

①农业防治。通过选用抗（耐）病虫品种，采取健身栽培、合理轮作等一套农业措施，提高蔬菜抗逆性，减轻病虫危害。

②物理防治。创造不利于病虫发生但有利于或无碍于蔬菜生长的生态条件，是一种较理想的无公害防治方法。

③生物防治。生物防治是利用生物或它的代谢产物来控制有害动植物种群、有害微生物或减轻其危害程度的方法。

④化学防治。无公害蔬菜并非不使用化学农药，化学农药是防治蔬菜病虫害的有效手段，特别是病害流行、虫害爆发时更是有效的防治措施，关键是如何科学合理地加以使用，既要防治病虫危害，又要减少污染，使上市蔬菜中的农药残留量控制在允许范围内。无公害蔬菜栽培，除了选好环境条件、改善田间生态条件、健全栽培管理措施外，还要做好以下两点工作：一是采收前自检。查看是否过了使用农药、肥料的安全间隔期，有条件的可用速测卡（纸）或仪器进行农残检测。二是采收和分级。要适期采收，采后要做到净菜上市（符合各类蔬菜的感官要求，净菜用水泡洗时，水质应符合规定标准），还要按品质、颜色、个体大小、重量、新鲜程度、有无病伤等进行分级，一般分为特级、一级、二级三个等级。

其次，我们来了解下粮食作物过程管理：

①小麦主要种植管理技术

精播半精播（宽幅播种）技术、氮肥后移技术、病虫草害综合防控技术、配方施肥技术和"一喷三防"技术。

②玉米的"一增四改"技术

技术概述："一增四改"即合理增加玉米种植密度、改种耐密型品种、改套种为平播（直播）、改粗放用肥为配方施肥、改人工种植为机械化作业。"一增四改"技术是原农业部玉米专家指导组在调查分析我国玉米生产现状和国际玉米增产基本经验的基础上，根据我国近年玉米最新科研成果集成的综合玉米增产技术体系。全国实施两年来，取得了显著的增产效果。

③增产增效情况

"一增四改"技术的全面应用不仅可以大幅度提高玉米产量，还可以促进我国玉米生产的现代化。通过改种耐密型品种，不仅可以使每亩的种植密度提高500～1000株，且可以提高玉米的抗倒伏能力、耐阴雨寡照能力和施肥响应能力，更适于简化栽培和机械作业。通过测土配方施肥，每亩可以提高玉米产量50千克左右，并可提高肥料利用率。玉米套种限制了密度的增加，降低了群体的整齐度，限制了产量的进一步提高。改套种为直播有利于机械化作业，有利于提高种植密度，有利于控制粗缩病的危害，增产效果显著。机械化作业不仅可以减轻繁重的体力劳动，提高生产效率，且可提高播种、施肥、收获等田间作业质量。一年的辛劳必定换来丰收的希望，把到手的劳动果实颗粒归仓，要注意的问题很多。一是经济作物的鲜活问题。适时收获、及时采摘、及时销售才能获得好收益。二是粮食作物推广晚收技术。既能提高作物产量，又能解决晾晒问题。三是规模种植要与贮存条件相匹配。随收随卖方便，但打价格差受制约。而晾晒、贮存既要考虑天气因素又要考虑资金投入。否则，煮熟的鸭子也会飞，鸡飞蛋打、两手空空的教训比比皆是。

（三）养殖业生产流程

我们在吸收国内外同类设施长处的基础上，根据本省猪种、气候、资源等实际，遵照适用、方便、经济的设计思想，通过模型设计、试用观察、选材筛选、定型制作、生产应用验证等环节，形成了较为成熟的全套栏舍设计模式，并对集约化猪场总体布局、各类猪舍建筑要求、笼架材料、工艺流程、管理体制等作了探讨。

1. 猪场整体布局

猪场整体布局应当遵照便于组织工艺流程，有利于兽医防疫和粪尿处理，有利于园林化建设的原则。按公猪舍、待配舍、妊娠舍、分娩舍、培育舍、肥育舍的顺序分区排布，特别推荐公猪舍与待配母猪舍结合在一起，以促进母猪发情，方便配种管理，提高受胎率。

2. 猪舍建筑规范

各类猪舍的建筑形式、适宜深度和长度、采光通风口面积比率、四周及屋面围护结构、隔热要求和使用材料、地面结构、舍内栏位排列、清粪排风机械安装等应符合相关要求。

3. 笼架设计与材料选择

根据各类猪的重量、行为、体型特征，合理设计笼架结构、规格。

①妊娠母猪限位栏以头尾部为重点，独创拉杆控制采食构造，可方便喂料操作，并使同列母猪同时开始吃料；利用猪排粪行为规律，改进后躯部漏缝地面及粪沟形式，使粪尿均自动落入集粪沟。

②分娩栏为离地漏缝高床设计，由母猪限位架分隔母、子活动区域，设置仔猪保温箱和补料槽，为方便投料与保洁，特别是适应喂饲青饲料的需要，独创内外可翻动的料斗；根据承重导热性能、价格、来源、使用年限等，分别选择床面各部分及隔栏的材料，其中一类以钢管、竹片为主要材料的自制分娩栏成本较国外引进的同类设施低 40% 左右，较全钢质分娩栏低 25% 左右。

③培育栏。以 35 ~ 70 日龄断奶仔猪为对象，营造有利其健康生长的温湿卫生环境，保证充分采食饮水。采用离地网上培育栏，按头均占有 0.3 平方米栏的标准区分大栏（每栏饲养 20 头左右）和小栏（每栏饲养 10 头左右），设置自由采食箱、自动饮水器和清粪机械。

④肥育栏。主要在自由采食箱、自动饮水器、部分漏缝地面和机械除粪几方面进行了改进。

⑤公猪栏与待配栏。沿用传统饲养方式下公猪栏与肥育栏的设计形式，待配栏每栏饲养离乳母猪 3 头。

⑥各类栏舍的配置比例。以万头规模场为例，公猪栏 28 个，待配母猪栏 28 个，妊娠母猪限位栏 420 个，分娩栏 160 个，培育栏（小型）160 个，肥育栏 370 个。

4.集约化养猪生产工艺流程要求

实行生产过程的合理分段、专业饲养和有机衔接，采用全程集约化饲养模式。在老场改造过程中，可首先将妊娠母猪限位与传统饲养方式相结合，逐步过渡，以达到追加少量投资扩大生产规模的目的，还可避免因母猪多发肢蹄病、淘汰率提高对生产造成冲击。

5.集约化猪场管理体制

在研究工作和生产实践中，我们总结出了以下几条与集约化养猪新方式相适应的管理技术措施要点：

①维持种猪群规模和结构，品种组合力求单一，年龄胎次结构合理，母猪年淘汰率维持 20%～25%，并及时培育补充后备母猪。

②强化计划管理，严格执行周、月、年生产计划，按全年均衡配种、均衡产崽、均衡出栏的基本要求，具体制定每月或每周配种、分娩、断奶、出栏、补充母猪等项目的数据指标。

③规范档案记录，主要有配种记录、产子记录、用料记录、转栏记录、购销记录、称重记录、免疫消毒记录、发病诊疗记录等，定期统计，以便及时准确地反映生产情况。

④实行全进全出管理，除培育期仔猪、生产肥育猪外，妊娠母猪和分娩母猪也应按妊娠日龄和预产日期分区转栏，以方便管理，特别是饲料的区别投放和清洗消毒，更应格外注意。

⑤明确岗位责任制，建立岗位技能和职责履行的考核指标方法。

二、控制生产成本

农产品成本是农产品最终价值的重要组成部分，是反映生产过程中投入与产出比率的重要指标，是农业生产管理者测算生产损耗的一个标杆。它既能反映生产者劳动生产率的高低程度、原材料和机械设备的利用程度，也是衡量农业生产者生产经营管理能力的综合指标。

（一）原料成本

1.原料成本的含义

原料成本是指农业生产经营者在农作物生产过程中或养殖进程中发生的全部投入费用，包括当年生作物、多年生作物和养殖从小到出栏的成本费用。在进行农产品成本核算时，主要作物以每种作物为成本计算对象，单独核算其产品成本；次要作物可以以每类作物作为成本计算对象，先计算出各类作物的产品总成本，再按一定标准确定每类中各种作物的产品成本，主要包括：种子、农药、肥料、农膜、农业机械等农业生产资料。

2.原料成本计算期的确定方法

（1）在种植业中，由于大田农作物的生产周期往往较长，产品一般比较单一，收获期比较集中，在年度中间各项费用和用工发生又不均匀，故农产品成本的计算期，一般规定一年计算一次。

（2）在养殖业中，由于动物（猪、牛、羊、鸡、鸭等）的成长有其自身的规律和特点，产品成本的计算期按动物生长周期、出栏时间段确定，一般按时间分摊在每个动物身上计算。

（二）人工成本

从事农业生产的人工成本很难按单位面积计算，大体按整个生产周期总用工数除以单位产量来作为估算依据，按天计酬或按产量计酬。计酬标准一般按当地的劳动力价格支付，然后再分摊到成本中去。

人工成本包括管理费用、财务费用和销售费用。这几项费用在生产经营管理中，由农场主、合作社负责人和农业负责人根据实际发生情况进行分摊。

（三）农业环境成本

农业环境成本是指在农业生产过程中为控制对环境的损害而付出的代价以及最终给环境造成的实际损失。由这个定义可以看出，最初的环境成本特指企业的环境成本，主要是指工业农业。随着农业生产的环境问题越来越突出，人们的目光已经由工业领域扩大到农业领域，研究农业生产的环境成本问题。

1.农业环境成本问题

农业环境成本与企业环境成本是两个不同的概念。企业环境成本是企业内部成本核算的一个方面，是企业的实际成本支出，属于会计范畴；农业环境成本不仅包括预防性的成本支出，更重要的是分析农业生产行为实际对环境造成的损害，是整个社会共同承担的环境代价，属于公共环境经济问题。农业环境成本可以分为直接成本和间接成本，直接成本是指农业生产本身所产生的环境成本，间接成本是指上游与下游产业所产生的环境成本，如化肥、农药的生产，以农产品为原料的加工农业因使用原料的特殊性所产生的环境成本，如皮革加工、秸秆造纸等。根据不同的生产部门，农业环境成本还可以分为种植业环境成本、畜牧业环境成本、水产业环境成本等。本节所分析的农业环境成本是指种植业部门的直接环境成本，包括动植物资源成本、土壤资源成本、水资源成本、大气污染成本、生命健康成本等。

2.农业环境成本的核算方法

核算环境成本的方法很多，如预防费用法、恢复费用法、生产率变动法、机会成本法、间接替代法、市场价值法、人力资本法等。不同的环境成本，可以选择不同的方法进行核算。

（1）动植物资源成本核算

动植物资源的减少，其造成的损失是无价的，同样，各种动植物资源的恢复和保护也蕴藏着不可估量的价值。核算动植物资源的环境成本可以采用恢复成本法和维护成本法。

恢复成本取决于恢复的面积和单位面积恢复的成本，恢复成本的具体成本包括土地成本、劳动力成本、动植物资源引进培育成本和相关的技术成本等。其中动植物资源的引进培育成本是关键，植物的稀有程度越高，成本就越大，一般常见的资源引进，成本很低，甚至不需要具体的成本。恢复成本既可能是一次性的，也可能是长期的，但保护成本是长期的，同样道理，动植物资源的稀有程度越高，保护的成本就越高，常见的动植物资源只需保证其生产空间，一般不需要额外的保护成本。相反，如果需要对野生动植物生长进行控制，成本另当别论。

（2）土壤资源成本核算

土壤资源成本的核算方法常用的有两种，一是恢复成本法，即将土壤的自然生产能力恢复到一定水平的成本；二是生产率变动法，选择不同地区或同一地区不同年份，核算由于土壤自然肥力不同或变动而引起生产率变动所产生的净收益差异。

由于技术进步等因素的干扰，采用生产率变动法很难直接测定由土壤肥力下降所引起的单位面积净收益的变化。土壤肥力的下降主要是由于大量施用化肥造成的，因此可以通过单独测量化肥的超正常施用量，判定土壤资源的环境成本。首先是确定在现有技术水平条件下，单位面积净产值最大时化肥的最小施用量，然后计算化肥实际施用量与最小施用量之间的差额和相应的价值，最后将差价扣除因减少化肥施用而采取的其他环保手段的成本，就是使用化肥而产生的土壤资源成本。

如果替代成本超过减少化肥施用节省的成本，就会出现替代不经济，所以替代品的经济性和环保性同等重要。用同样的方法可以核算农药投入对土壤所造成的环境成本。事实上，无论化肥和农药的投入量如何减少，都不可避免地会对土壤造成一定的损害，关键是把这种损害控制在一定的水平，一是可以由土壤自身进行修复，二是可以通过其他比较经济的技术手段实现修复。

（3）水资源成本核算

水资源环境成本有三项内容，核算也分三个方面。

①水资源浪费成本的核算

核算水资源的浪费成本，关键在于确定水资源的价格、节水灌溉的用水标准以及相应所增加的灌溉设备费用，如果价格较低，水资源的浪费成本就是经济的。提高水价，水资源的环境成本就会由外部成本转化为内部成本，节水灌溉的经济性就会增强。

②水污染环境成本的核算

农业生产对水资源造成的污染主要来自化肥、农药、除草剂的使用，因此水污染环境成本的核算方法与土壤资源的环境成本核算方法类似。二者的差别在于水的流动性较强，水资源的污染会进一步对动植物资源和人体健康产生危害，由此造成的二次污染和损害的核算，可以分别参考动植物资源的环境成本核算和生命与健康成本核算。

（4）大气污染环境成本核算

①温室效应的成本核算

农业生产的温室效应损失＝温室效应造成的净损失×农业生产对温室效应的负责系数。

②秸秆燃烧的环境成本核算

首先确定秸秆燃烧所造成的损失项目，如交通事故、高速公路关闭、飞机停飞、火灾等，其次统计和计算相关项目的实际经济损失，最后将这些损失合计就是秸秆燃烧的环境成本。其中涉及生命与健康方面的损失，核算方法参见关于生命与健康成本的核算。

（5）生命与健康成本核算

在生产中与农药的接触对人体会产生不同程度的危害，可以致病、致残甚至致亡，相应发生的医疗费、误工费，以及由于劳动能力的部分或全部损失所造成的经济损失，都属于生命与健康成本核算的内容。与农业生产不相关的行为，如服药自杀所造成的损失不是环境成本核算的内容，精神损失由于没有统一的标准且难以衡量，也不在核算的范围。通常使用人力资本法核算生命与健康成本。

人力资本法也叫工资损失法，它是通过市场价格和工资多少来确定个人对社会的潜在贡献，并以此来估算生态环境变化对人体健康影响的损益，进一步计算疾病成本和劳动能力丧失成本。

3. 农业环境成本的控制

（1）维护土地的多样性

目前，农村土地耕地化现象非常严重，不仅边边角角都被利用，就是原来的河道、林地、草滩甚至坟地也被开垦变成了耕地。土地的过度利用将造成十分严重的后果，一是使许多动植物失去了生存的空间，农作物一统天下，不利于生物间的竞争与进化；二是土地耕地化使水土流失问题更趋严重，农作物的耕种具有很强的季节性，在春播与秋播期间，地面没有任何植被覆盖；三是提高了旱灾与涝灾的成灾率，因为大量的水塘、沟渠甚至河道都被平整开垦为耕地，排涝蓄水以及灌溉的能力大大减弱。为了解决上述问题，我们在保护耕地的同时，一定要保护农村土地的多样性，林地、草地甚至荒地也要得到一定的保护，对池塘、河道、沟渠进行全面规划，禁止耕地对其侵占。提高农作物的产量，应该主要依靠技术与资金投入，而不是耕地面积的无限制扩张。

（2）科学施肥，减少无机肥施用量

全面使用测土配方施肥技术，避免化肥的盲目使用。发展复合肥、生物有机肥，压缩无机肥的施用量。生物有机肥技术是以畜禽粪便为原料，以秸秆、豆粕等有机废弃物为辅料，配以多功能发酵菌种剂，通过连续池式好氧发酵，使之在 5 ~ 7 天内除臭、腐熟、脱水，最终成为高效活性生物有机肥。有机肥内含有多种有益微生物，能不断释放出植物生长所需的营养元素和多种植物生长刺激素。肥中除含有氮、磷、钾三大元素外，还附有含钙、镁、硫、硅、锰、锌、硼等中量和微量元素。这能增加土壤团粒结构，提高土壤保肥、保水、保温能力，减少病虫害，改善作物品质。施用有机肥料的土地比施用传统化肥的土地一般增产 10% 以上。现在，生物有机肥的生产技术比较成熟，市场供不应求，发展生物有机肥，可以实现经济效益和生态效益的双赢。

（3）发展生物农药和物理捕虫技术

生物农药是指利用生物资源开发的农药，包括植物农药、微生物农药和抗生素等，生物农药具有对人畜的毒性较小、不污染环境以及病虫不易产生抗药性等优点。由于技术上还存在一些问题，生物农药在我国的推广和利用受到一定的制约，许多生物农药的有效成分为活体微生物，其产品制剂化技术要求高，而我国生物制剂的剂型及其工艺水平落后，致使活体微生物农药的制剂化成为生物农药发展的一个瓶颈。因此要加强技术攻关，使生物农药产业不断取代化学农药，成为农药的主体。同时，应重视物理捕虫技术的普及和应用，如使用灯光、振频等物理方法诱虫、杀虫。根据昆虫趋光的天性，在其成蛾期间，在田间布置具有诱虫和杀虫功能的频振杀虫灯，杀虫效果不亚于使用农药，并且没有污染，还可以大大节约成本。山东龙口市在果树和蔬菜生产中推广频振式杀虫灯技术，全市目前已应用频振式杀虫灯 3000 多盏，控制果蔬面积 6000 多 hm^2，每年可减少农药使用 150t，节约成本上百万元。

（4）推广与普及节水灌溉

根据预测，到 2030 年我国农业用水将短缺 600 亿~ 700 亿 m^3，推广和普及节水灌溉势在必行。截止到 2002 年，全国节水灌溉工程面积只有 2000 万 hm^2，约占农田有效灌溉面积的 36%。其中防渗渠灌溉的面积 1000 万 hm^2，管道输水灌溉面积 150 多万 hm^2，喷灌面积 230 万 hm^2，微灌面积 30 万 hm^2。节水效果越好的方式，其应用面积越小。发展节水灌溉，一要解决技术问题，开发和推广适合不同地区使用的节水灌溉设备与技术，在华北平原地区，应推广和普及管道输水灌溉技术，在城市郊区，发展喷灌和滴灌技术等。二要解决制度问题，建立农业用水的市场机制，有偿用水，利用价格杠杆，使农民自觉使用各种节水设备。

（5）全面建设农村生态文明

农业环境成本的控制是一项综合性的系统工程，在农村全面建设生态文明，是实现人与自然协调发展的必由之路。

政府应适时引导，通过示范、教育、推广和普及生态文明的知识，同时通过支持具体生态项目的建设，推进农村生态文明，农、林、牧、渔全面发展，维护土地利用的多样性，利用有机物的投入发展农业。禁止秸秆燃烧，实现秸秆的综合利用。加强面源污染的防治，改善水体和大气环境质量。发展小沼气工程，实现循环经济。

农业生产经营的成本核算，主要就是涉农企业、合作社和家庭农场的管理需要，尽管不同的经营主体管理模式不同，但是成本核算的过程大同小异，成本核算的内容、成本核算的方法、成本核算的科目设置等等基本一致。对本经营主体的经济活动进行组织、指挥、调节、监督、检查，也就是把劳动者、劳动手段和劳动对象科学地组织起来进行生产，以获得数量多、质量好、成本低的产品，实现高土地利用率、高劳动生产率、高资金利润率、高商品率，取得最佳经济效果。

（四）种植业生产成本的核算

1. 成本核算对象

农业应根据种植业生产特点和成本管理要求，按照主要从细、次要从简的原则确定种植业成本核算对象。主要产品确定为小麦、水稻、大豆、玉米、棉花、糖料、烟叶等，对主要产品，应单独核算其生产成本；对其他农产品可合并核算其生产成本。

2. 成本计算期

农业应与其生产周期相一致，在产品产出的月份计算成本。种植业产品生产成本计算的截止时间因农作物产品特点而异。粮豆的成本算至入库或在市场上能够销售；棉花算至皮棉；不入库的鲜活产品算至销售；入库的鲜活产品算至入库；年底尚未脱粒的作物，其产品成本算至预提脱粒费用。下年度实际发生的脱粒费用与预提费用的差额，由下年同一产品负担。

3. 成本项目

农业应根据具体情况设置成本项目。一般情况下可设置以下成本项目：

（1）直接材料，指生产中耗用的自产或外购的种子、种苗、肥料、地膜、农药等。

（2）直接人工，直接从事种植业生产人员的工资、工资性津贴、奖金、福利费等。

（3）机械作业费，指生产过程中进行耕耙、播种、施肥、中耕除草、喷药、收割等机械作业所发生的成本支出。

（4）其他直接成本，指除直接材料、直接人工和机械作业费以外的其他直接成本。

（5）制造成本，指应摊销、分配计入各产品的间接生产成本。

4.成本计算参考公式

某种作物单位面积（公顷）成本＝该种作物生产总成本/该种作物播种面积；

某种作物主产品单位产量（千克）成本＝（该种作物生产总成本-副产品价值）/该种作物主产品产量；

某种蔬菜应分配的温床（温室）成本＝温床（温室）成本总额/实际使用的格日（平方米日）总数×该种蔬菜占用的格日（平方米日）数；

草场单位面积（公顷）成本＝种草生产总成本/种草总面积；

干草单位产量（吨）成本＝种草生产总成本/干草总产量；

多次收获的多年生作物，未提供产品前累计发生的费用，按规定比例摊入投产后各期的产品成本。

第六节　家庭农场销售成本管理

一、农产品销售渠道

（一）农产品市场构成

1.农业市场的构成要素

任何形式的市场都由三个构成要素组成，用公式表示为：市场＝人口＋购买力＋购买欲望。其中人口包括人口数量、性别结构、家庭人口数、文化教育、年龄、职业、个性、社会地位等；购买力取决于收入，主要有工资、奖金、租金、红利、继承、偶然所得等；购买欲望主要是受人的需要层次和所受的文化教育影响。合作社和家庭农场经营者可以根据目标市场的消费者需要层次设计不同档次的产品，尽量做到有针对性的销售，取得好的经营效益。消费者需要层次、需要内容、需要所对应的消费阶层的主销农产品。

农产品是指来源于农业的初级产品，即在农业活动中获得的植物、动物、微生物及其产品。根据国家规定，初级农产品是指种植业、畜牧业、渔业产品，不包括经过加工的这类产品。农产品与工业产品最大的区别是农产品是有生命的有机体，有生长周期，不耐储运，易腐烂，受自然环境影响大，季节性明显，需求弹性小，产品差异小，分散经营。农产品市场是指农产品从生产者转移到消费者过程中所包括的农产品生产、采集、加工、运输、批发、零售和服务等全部营运活动。

2. 农产品市场定位

农产品市场定位是指农业经营者根据竞争者现有产品在市场上所处的位置，针对消费者对该产品某种特征或属性的重视程度，强有力地塑造本农业产品与众不同的鲜明个性或形象，并把这种形象生动地传递给顾客，从而确定该产品在市场中的适当位置。因此，市场定位是市场营销体系中的重要组成部分，对于提升经营者的市场形象，提高农产品市场竞争力具有重要意义。

（1）农产品市场定位的方法

市场定位的方法多种多样，但由于农产品具有与一般产品不同的特点，因而，其定位方法有其特殊性。

①根据农产品质量和价格定位

产品的质量和价格本身就是一种定位，一般来说，在消费者看来，较高的价格意味着较高的产品质量。农产品价格普遍偏低，因此对优质农产品实行高价，使其与普通农产品区别开来，满足消费者对优质农产品的需求，可以达到定位的目的。

②根据农产品的用途定位

同一农产品可能有多种用途，如有的农产品既可供消费者直接食用，又可用于食品加工，可分别对它们进行不同的定位。此外，当发现一种农产品有新的用途时，也可运用这种定位方法。比如水果玉米、可生吃的芹菜、抗癌地瓜、糖尿病人的健康食品南瓜等。

③根据农产品的特性定位

农产品的特性包括其种源、生产技术、生产过程、产地等，这些特征都可以作为农产品定位的因素。如"绿色农产品""无公害蔬菜"等都是根据农产品的特性进行定位。再比如产地定位，比较出名的有烟台苹果、莱阳梨、肥城桃、潍坊的萝卜、章丘大葱、莱芜的姜、平度的葡萄、临沂的蜜桃等地方特产。

④根据消费者的习惯定位

这是由产品使用者对产品的看法确定产品的形象，进行目标市场定位。胶东地区高价的海产品代表消费者心目中的海珍品，是高收入阶层消费品，也是中等收入阶层馈赠亲朋好友经常选择的礼品。

（2）农产品市场定位的步骤

农产品市场定位的实质是农业经营者取得在目标市场上竞争优势的过程。因此，市场定位的过程包括三个步骤，即明确自身潜在的竞争优势，选择相对的竞争优势，显示独特的竞争优势。

①明确企业潜在的竞争优势

营销人员通过营销调研，了解目标顾客对于农产品的需要及其欲望的满足程度，了解竞争对手的产品定位情况，分析顾客对于本农业的期望，得出相应研究结果，从中把握和明确本企业的潜在竞争优势。

②选择企业的相对竞争优势

从经营管理、技术开发、采购供应、营销能力、资本财务、产品属性等方面与竞争对手进行比较，准确地评价本企业的实力，找出优于对手的相对竞争优势。

③显示独特的竞争优势

企业通过一系列的营销工作，尤其是宣传促销活动，把其独特的竞争优势准确地传递给潜在顾客，并在顾客心目中形成独特的企业及产品形象。为此，企业首先应使目标顾客了解、认同、喜欢和偏爱本企业的市场定位；其次，要通过一切努力稳定和强化目标顾客的态度，以巩固市场定位；最后，还应密切关注目标顾客对市场定位理解的偏差，及时矫正与市场定位不一致的现象。

（3）农产品市场定位的策略

农产品市场定位的策略是指农产品生产经营者根据目标市场的情况，结合自己的条件确定竞争原则。通常可分为三种：

①"针锋相对式"策略

这种定位策略是把产品定在与竞争者相似的位置上，与竞争者争夺同一细分市场。例如有的农场主在市场上看别人经营什么，自己也选择经营什么。采用这种定位策略要求经营者具备资源、产品成本、质量等方面的优势，否则在竞争中会处于劣势，甚至失败。

②"填空补缺式"策略

这种定位策略不是去模仿别人的经营方向，而是寻找新的、尚未被别人占领但又为消费者所重视的经营项目，以填补市场空白的策略。

③"另辟蹊径式"策略

公司在进行市场定位时，应慎之又慎，要通过反复比较和调查研究，找出最合理的突破口，避免出现定位混乱、定位过度、定位过宽或定位过窄的情况。而一旦确立了理想的定位，公司必须通过一致的表现与沟通来维持此定位，并应经常加以监测，以随时适应目标顾客和竞争者策略的改变。同时，还要整合资源做出好产品。资源一般包括人、财、物、政策、品牌、专利等要素，对于新型农民经营主体来说，从产业链的角度看，上游包括科研机构、农资农业等，下游包括深加工农业、销售渠道等，外部环境则有认证、广告服务以及国家政策支持、金融机构等。从生产的角度看，包括土地、资金、员工、技术信息、厂房、原材料、农机、产品、包装、品牌等资源。如何将这些资源要素进行整合，做出优质产品，满足市场需求，提高效益，是新型农民经营主体要关注的核心问题。

（二）农业销售途径的拓展

1. 卖点买点——打开农产品市场的金钥匙

（1）农产品的卖点

所谓"卖点"，是指商品具备了前所未有、别出心裁或与众不同的特色、特点。如何提炼农产品的卖点呢？

①从农产品的外观上提炼：主要从产品的风格、形状、款式、色调、材质、新技术、原料、地域等方面入手。

②从产品的功能上提炼：产品功能同中有异，提炼功能卖点主要侧重这一"异"字，使产品的功能卖点别具一格。

③从产品的价格上提炼：高—中—低。

（2）农产品的买点

所谓"买点"是站在买方的角度，考虑购买农产品能为顾客带来哪些利益，这些利益点就是买点，也就是要给买方一个购买的理由。按照购买的目的不同，买方大致可以分成顾客和经销商。购买的目的不同，需求点和利益点也不同。对消费农产品的顾客而言，需求点就是实用价值，包括实用、安全、卫生、质量、包装、品牌、方便、快捷、经济实惠等；对经销农产品的中间商而言，利益点就是利润，包括卖得快、卖得多、经销有利润、进货方便等。

2. 产品创新——农产品增值的源泉

产品本身只提供使用价值，如果能在有形产品之外附加无形的文化、情感、品位等要素就可以让产品增值。新型职业农民应充分认识农产品的整体概念，通过对生产的农产品进行创新提高附加值，才能达到既增产又增收的效果。

（1）农产品包含的内容

农民朋友通常理解的农产品就是粮棉油、瓜果蔬菜、鸡鸭鹅鱼、牛羊驴兔等有形产品。其实完整的产品就好像洋葱一样一层一层的，每增加一层就为增值提供了空间和理由。完整产品一般分为三个层次：核心产品、形式产品、延伸产品。

（2）创造农产品附加值的方法

创造附加值就是满足消费者的更多心理需求，创造与竞争对手的差异，强化消费者的认同而使消费者愿意付出更高的价格，从而使农业对产品的投入少、产出多，为企业带来高回报、高收益。附加值满足了消费者更高层次的需求，产品可以制定更高的价格；有了附加值，消费者的认知度很高，具备很强的影响力，可以带来更大的销量；高附加值能使消费者具备很强的忠诚度，更稳定、更抗风险。对农民朋友来讲比较容易掌握的创造农产品附加值的方法有以下四种：

（3）产品创新的方法

农民朋友可以从以下四个方面对产品进行创新：

①外观创新法。外观包括形状、颜色、大小、高矮、胖瘦、包装等方面，外观的创新就是改变以往市场上产品的外观形象。如农民以前种植的大西瓜，现在畅销的特小凤；以往种植的大西红柿，现在流行的迷你小柿子；以往都是绿辣椒，现在是五彩椒，都是通过对产品的外观进行改变而进行的创新。

②功能创新法。对农产品功能的创新可以从加法思维和减法思维两个方向进行。加法思维就是在农产品原有功能的基础上再开发新的功能，从而提高产品售价，比如有营养保健功能的产品加上精美的包装；减法思维就是去掉消费者用不上的或者使用频率不高的功能，保持原汁原味的产品，比如没有经过任何人为加工的土特产品。

③文化宣扬法。如盘锦大米、平度马家沟芹菜、烟台苹果、莱阳梨、潍坊萝卜、莱芜大姜、焦作铁杆山药、章丘大葱、登海种子等凝结地方文化，拥有文化内涵的农产品才会在高度同质化的市场竞争中有独特的竞争力。

④模式创新法。比如租赁农园模式，俗称"开心菜园"。家庭农场可以将承包的土地平整，增加基础设施后，分割成比较小的单位，再出租给市民做种植粮食、花草、瓜果、蔬菜等的园地，承租户想吃什么种什么，给菜农开出"菜单"，由菜农负责承担种菜的所有生产费用，并帮助他们进行日常管理，收获的无公害蔬菜归城里的承租户所有，可应时采摘。"开心菜园"推出后，农民不用担心市场风险，一心一意把菜种好就行。如果一个农户有 6 亩地，2 分地一年的租金是2000 元，6 亩地就是 6 万块，除去种子、肥料等农资外，一年稳赚 5 万元。城里人点菜，农民种菜，这样的种植模式得到越来越多农场的认可。这种模式吸引了律师、医生、公务员、公司白领等市民，他们并不仅仅是为了收获安全的农产品，更重要的是为了结识更多的朋友，体验农业生产过程，享受耕作乐趣。

二、降低农产品销售成本方法

农产品包装是指农产品分等、分级、分类后实施装箱、装盒、装袋、包裹等活动的过程和结果，其中也包括对农产品的清洗、分割、冷冻等活动。

（一）包装提高利润从而降低成本

1. 包装的功能

包装是产品无声的代言人，包装是产品的一个有机组成部分。主要功能有：保护商品；便于运输、贮存、携带和使用；促进销售；增加商品的价值；环保功能。产品包装要满足消费者的心理变化；产品包装要适度；包装图案的设计必须以吸引顾客注意力为中心；包装设计要考虑文化这一因素；重视防止包装的模仿和"盗版"。

2. 农产品的包装策略

发达国家的农产品是一流的产品、一流的包装、一流的价格。而我国的农产品则是一流的产品、三流的包装、三流的价格。新型农民经营主体为了提高经济效益，要通过包装设计，激发顾客的购买欲望，提高农产品市场竞争力。农产品采用何种包装可以根据自身经营情况、产品特点、市场需求选择如下几种策略：

（1）突出农产品形象

突出农产品形象，是指在包装上通过多种表现方式突出该农产品是什么、有什么功能、内部成分、结构如何等形象要素的表现方式。这一策略着重于展示农产品的直观形象。随着购买过程中自主选择空间的不断增大，新产品不断涌现，厂商很难将所有产品的全部信息都详细地向消费者介绍，这种包装策略通过在包装上再现产品品质、功能、色彩、美感等，有助于商品充分地传达自身信息，给选购者直观印象，真实可信，以产品本身的魅力吸引消费者，缩短选择的过程。

牛奶是大家经常喝或者经常见到的，但是独特外形的牛奶包装却很少见到。俄罗斯的 KIAN 公司做了这种创意奶牛外形的牛奶包装，取名为"Soy mamelle"。包装还分个人与家庭两种，乳胶材料的包装可以进行按压，很有手感，包装很有创意和吸引力。

（2）突出农产品用途和使用方法

突出农产品用途和用法的策略是通过包装的文字、图形及其组合告诉消费者，该农产品是什么样的产品，有什么特别之处，在哪种场合使用，如何使用最佳，使用后的效果是什么。这种包装给人们简明易懂的启示，让人一看就懂，一用就会，并有知识性和趣味性，比较受消费者欢迎。

（3）展示农业整体形象

农业形象对产品营销具有四两拨千斤的作用，因此，很多农业从产品经营之初就注重农业形象的展示与美誉度的积淀。运用这种包装策略的农业文化积淀比较深厚。有的农业挖掘农业文化透彻，并且能与开发的农产品有机地融合起来宣传，达到了既展示农业文化，介绍其产品，给消费者留下深刻印象，又有利于促销的目的。

（4）突出农产品特殊要素

任何一种商品农产品都有一定的特殊背景，如历史、地理背景，人文习俗背景、神话传说或自然景观背景等，包装设计中恰如其分地运用这些特殊要素，能有效地区别同类产品，同时使消费者将产品与背景进行有效链接，迅速建立概念。这种包装策略运作得好，给人以联想的感觉，有利于增强人们购买欲望，扩大销路。包装是产品与消费者沟通交流最重要的媒介之一，是决胜终端"临门一脚"最实效的手段之一。因此，包装绝对不只是包装本身，包装也绝对不只是美观好看那么简单，农业企业必须从品牌定位与营销传播的高度，制定策略，指导方案。

（二）好品牌开拓新市场

曾经，"三农"是品牌营销的盲区。无数的农产品在以原生态的样子出售，无数的农民在购买商品时没有品牌购买的意识。现在，这一切正悄然发生改变，起主要推动作用的是国家一系列惠民政策下被城市化的农民以及农业产业化龙头企业。品牌在现代市场竞争中起着非常重要的作用，品牌营销是未来中国农产品市场的发展趋势，农民朋友掌握品牌知识更能有效保护自身的利益。

1.品牌的含义

从消费者角度来讲，品牌是消费者对一个企业、一个产品所有期望的总结；从农业的角度来讲，品牌是农业形象、农业文化、产品理念等有效要素，是农业与目标群体建立稳固关系的一种载体、一种产品品质的担保及履行职责的承诺。品牌＝品类＋品质＋品位；品牌＝商标＋商誉。商标是一个法律名词，是将一个企业的产品或服务与另一企业的产品或服务区别开的标记，可以用文字、符号、数字、图形、声音来设计。品牌设计的原则：简单醒目、便于记忆传播；新颖别致，易于识别；内涵丰富，富有联想，但应避免负面联想；品牌设计合法，尊重民俗；品牌设计暗示产品的效用或质量。

2.农产品商标如何注册

（1）注册机构

国家以及地方各级工商行政管理局商标局负责办理商标注册。

（2）注册程序

①查询。可以通过商标查询系统免费查询，或者在国家商标局查询商标档案，先对商标进行比对，如果没有相同或近似的，就可以制作申请文件，递交申请。

②提交申请。组织申请需要提交营业执照复印件一份；个人申请需要提供个人身份证复印件一份和个体户营业执照复印件一份（要求清晰）；所注册商标的商标图样（JPG格式）；选十个产品服务项目；公章（在申请书、委托书、协议书上加盖申请人章戳；个人签字）等相关手续，申请递交后商标局会给你下发申请受理通知书（此期间是形式审查阶段）。

③审查。形式审查完毕后，就进入实质审查阶段。

④公告。如果实质审查合格，就进入公告程序（也叫异议期间）。

⑤领取注册证。公告期满，无人提异议就可以领取注册证。

（3）注册所需时间

注册申请递交后一个月左右送达国家工商行政管理局商标局受理号码文件，在申请受理4个月后，商标局对商标进行实质审查（6个月），通过实质审查，即申请10～12个月左右，商标局发布初审公告并寄送申请人，公告之日起3个月后，核准商标注册，颁发正式《商标注册证》，全部注册时间约为13～18个月左右。从申请到审核注册需要较长的时间，因此要节省不必要的时间浪费。

（4）多一个认证多一个保证

①无公害农产品认证。无公害农产品标志是由农业农村部和国家认证认可监督管理委员会联合制定并发布、加施于经农业农村部农产品质量安全中心认证的产品及其包装上的证明性标识。

②绿色食品认证。绿色食品的认证由农业农村部绿色食品发展中心负责，属于政府管理行为。总部在北京，各省市都有绿办（绿色食品办公室）负责当地认证业务的受理，由地方到北京，自下而上地报批。

③有机食品认证。农业农村部所属中绿华夏有机食品认证中心核发的产品及

包装上的证明性标志。农产品有了商标和产品认证，就像人有了身份证一样，成为质量可靠的标志。

（三）新型农民经营主体需要哪些合适的销售渠道

1.专业市场销售

专业市场销售即通过建立影响力大、辐射能力强的农产品专业批发市场来集中销售农产品。专业市场销售以其具有的诸多优势越来越受到各地的重视。

（1）专业市场销售的优点

①销售集中、销量大。对于分散性和季节性强的农产品而言，这种销售方式无疑是一个很好的选择。寿光菜农主要就是通过寿光蔬菜批发市场把优质的蔬菜销往全国各地。

②对信息反应快。专业批发市场有先进的设备，数据比较完整，为及时、集中分析、处理市场信息，做出正确决策提供了条件。

③能够在一定程度上实现快速、集中运输，妥善储藏、加工及保鲜，解决农产品生产的分散性、地区性、季节性和农产品消费集中性、全国性、常年性的矛盾。

（2）专业市场销售的缺点

①信息传递途径落后、对市场信息分析处理能力差。在有些专业销售市场，信息传递很大程度上仍依赖于口头传递和电话交流，缺乏网络等交互性强、覆盖范围大的工具；对市场信息不能实现集中处理。

②市场配套服务设施不健全，不能有效实现市场功能延伸。

2.销售公司销售

销售公司销售即通过区域性农产品销售公司，先从农户手中收购产品，然后外销。农户和公司之间的关系可以由契约界定，也可以是单纯的买卖关系。这种销售方式在一定程度上解决了"小农户"与"大市场"之间的矛盾。

（1）销售公司销售农产品的优点

①有效缓解"小农户"与"大市场"之间的矛盾。农户可以专心搞好生产，

销售公司则专职从事销售，销售公司能够集中精力做好销售工作，对市场信息进行有效分析、预测。

②销售公司具有集中处理农产品的能力，这就使得对农产品进行保鲜和加工等增值服务成为可能，为农村产业化的发展打下良好基础。

（2）销售公司销售农产品的缺点

①风险高。通过契约和合同来确立农户与公司关系的模式，由于组织结构相对复杂和契约约束性弱等原因，具有较大风险。比如当农产品供大于求，合同价格大于市场价格时，公司不按合同价格收购契约户农产品。反过来，当农产品供不应求时，市场价格高于合同价格，农户不按合同向签约公司交售产品，导致公司利益受到损失。

②销售公司和农户之间缺乏有效的法律规范。

3. 合作组织销售

合作组织销售即通过综合性或区域性的社区合作组织，如流通联合体、贩运合作社、专业协会等合作组织销售农产品。购销合作组织为农民销售农产品一般不采取买断再销售的方式，而是主要采取委托销售的方式。所需费用通过提取佣金和手续费解决。

（1）合作组织销售渠道的优点

①既有利于解决"小农户"和"大市场"之间的矛盾，又有利于减小风险。

②购销组织也能够把分散的农产品集中起来，为农产品的再加工、实现增值提供可能，为产业化发展打下基础。

（2）合作组织销售农产品的缺点

①合作组织普遍缺乏作为市场主体的有效法律身份，不利于解决销售过程中出现的法律纠纷。

②农民参加合作组织的自愿、自主意识不强。各类合作组织的形成动因主要是行政力量的撮合。

③由于合作组织普遍缺乏资金，很难有效开拓市场。

④合作组织缺乏动力，决策风险较高。

4. 销售大户销售

（1）销售大户销售渠道的优点

①适应性强。能够适应各种农产品的销售，集中把当地农产品销往各地。临沂地区出现的销售大户，不仅解决了农产品销售难的问题，而且繁荣了当地经济。

②稳定性好。由于销售大户的收益直接取决于其销量，这就充分调动了"大户"们的积极性，他们会想尽各种办法，如定点销售与零售商利润分成等方式来稳定销量。

（2）销售大户销售渠道的缺点

①信息不畅。由农户转化而来的销售大户，很难在市场信息瞬息万变的今天，对市场信息进行有效的搜集、分析、处理并做好市场预测。

②风险较高。对于进行农产品外运的大户来说，会遇到诸多困难，如天气、运输、行情等。

③"大户"对市场经济知识缺乏较深了解，销售能力有限。

5. 农户直接销售

农户直接销售即农产品生产农户通过自家人力、物力把农产品销往周边地区。近年来河南瓜农在售瓜过程中，较多采取了这种销售渠道，取得了很好的效果。

（1）农户直接销售渠道的优点

①销售灵活。农户可以根据本地区销售情况和周边地区市场行情，自行组织销售。这样既有利于本地区农产品及时售出，又有利于满足周边地区人民的生活需要。

②农民获得的利益大。农户自行销售避免了经纪人、中间商、零售商的盘剥，能使农民朋友获得实实在在的利益。

（2）农户直接销售渠道的缺点

①销量小。农户主要依靠自家力量销售农产品，很难形成规模。

②销量不稳定。尽管从长期来看可以避免"一窝蜂"现象，但在短期，很可能出现某地区供大于求、价格下跌的状况，损害农民利益。

③一些农民法律意识、卫生意识较差，容易受到城市社区排斥。

6.农产品网络营销渠道

随着我国网民的不断增多和电子商务的兴起，很多传统农业企业改变了生产与销售模式。发展农业电子商务，建设农产品网络营销体系，将是应对市场竞争、加速农业经济发展的重要手段。现代网络促销的 B2B、B2C、C2B、C2C 等方式都可利用。

（四）农产品促销途径

1.何谓促销

新型农民经营主体将有关农业及农产品（品牌）的信息通过各种方式传递给消费者和用户，促进其了解、信赖，引发、刺激消费者的消费欲望和兴趣并购买本农业的产品，以达到扩大销售目的的活动。销售农产品是新型农民经营主体管理活动的中心任务，信息传递是产品顺利销售的保证。信息传递过程中，一方面卖方（农业或中间商）向买方（中间商或消费者）介绍有关农业现状、产品特点、价格及服务方式和内容等信息，以此来诱导消费者对产品或服务产生需求欲望并采取购买行为；另一方面，买方向卖方反馈对产品价格、质量和服务内容、方式是否满意等有关信息，促使生产者、经营者更好地满足消费者的需求。通过何种方式和渠道有效传递信息、推广产品、提升效益就是现代促销的重点。

（1）促进农产品销售的方式

促进农产品销售的方式主要包括广告、人员推销、公共关系、营业推广四种方式，新型农民经营主体可以根据农业自身的经济状况、产品的种类和特色、时间和地点等影响因素进行选择，组合使用。

（2）农民如何通过广告促销农产品

①广告的定义

广告是为了某种特定的需要，通过一定形式的媒体，公开而广泛地向公众传递信息的宣传手段，包括商业广告和非商业广告。新型农民经营主体发布的广告大多数是商业广告，是以盈利为目的的广告，通常是商品生产者、经营者和消费者之间沟通信息的重要手段，或农业占领市场、推销产品、提供劳务的重要形式，主要目的是扩大经济效益。

②农产品的广告媒体

报纸、杂志、电视、电影、网络、包装、广播、招贴、POP、交通、直邮、车体、门票、餐盒、墙体等媒体都可以制作发布广告。

③农产品广告策划创意

好的广告策划的核心是富有创意，农民朋友为了更好地宣传农产品一定要通过新颖的广告吸引观众。

2.搞活公关——通过公共关系促销农产品

（1）调研活动

企业通过民意调查、传媒监测等多种方式来收集农业内部与外部环境的变化信息，以了解公众对农业及其产品的态度、意见和建议。

（2）专题活动

企业通过举办或参加一些专题活动来加强与有关公众的信息沟通和情感联络。如：遇重大事件或纪念日，举办新闻发布会、庆典纪念会等，或是参加产品展览会、博览会等。

（3）媒体传播

发掘对农业或其产品有利的新闻。新闻的采写要善于找出故事，争取让媒体采用。

（4）事件策划

利用或策划一些有助于提高农业知名度和美誉度的事件，经过富有创意的设计和渲染来吸引公众的关注，特别是吸引媒体传播报道。如举办探讨会、运动会、公益赞助和捐助、征文等。

（5）外联协调

企业设法与政府、银行、传媒、行会等有关各界人士建立并保持稳定的联系和良好的沟通。

3. 灵活推广——如何对农产品进行营业推广

营业推广是运用各种短期诱因，鼓励消费者购买或经销商销售农业产品或服务的销售活动。

（1）针对消费者的推广方式：样品、折价券、以旧换新、减价、赠奖、竞赛、商品示范。

（2）针对中间商的方式：购买折让、免费货品、商品推广津贴、合作广告、推销金、经销商销售竞赛。

（3）农产品网络宣传推广方式。中国互联网络信息中心（CNNIC）在北京发布第33次《中国互联网络发展状况统计报告》。报告显示，截至2016年12月，我国网民规模达到6.88亿，比2014年共计新增网民3951万人，互联网普及率为50.3%，增长率为6.1%，比2014年增长1.1%个百分点。利用互联网进行农产品的广泛宣传与推广已经是必然的趋势，新型职业农民必须学习新的营销手段，更快、更好、更低成本地把农产品销售到市场。

第四章 农民专业合作社

自持资金数额小、回报低、风险高是个体农户进行市场投资的弊端，只有将小份额的资金集中起来，进行规模投资，整体运作，才可以分散风险、提高回报，从而充分调动个体农民投资的积极性，带动农村市场的整体发展。所以，将农民自有资金集中起来，结合当地县域经济特色，以农民合作社的形式组织农民自主创业显得至关重要。集中民间闲散资金，规模投资，整体运作，能够从根本上调动农民创业积极性，切实改善农民生活水平，进而带动整个农村市场的全面繁荣。

第一节 农民专业合作社的内涵与意义

一、农民专业合作社的内涵

农民专业合作社是在农村家庭承包经营基础上，同类农产品的生产经营者或者同类农业生产经营服务的提供者、利用者自愿联合、民主管理的互助性经济组织。

农民专业合作社以其成员为主要服务对象，提供农业生产资料的购买，农产品的销售、加工、运输、贮藏以及与农业生产经营有关的技术、信息等服务。

农民专业合作社是由同类产品的生产者或同一项农业生产服务提供者组织起来的，经营服务内容具有专业性，其成员主要由享有农村土地承包经营权的农民组成。这些自愿组织起来的农民具有共同的经济利益，在家庭承包经营的基础上，共同利用合作社提供的生产、技术、信息、生产资料、产品加工、储运和销售等项服务。合作社还通过为其成员提供产前、产中、产后的服务，帮助成员联合起来进入市场，形成聚合的规模经营，以节省交易成本，增强市场竞争力，提高经济效益，增加人员收入。因此，农民专业合作社主要目的在于为其成员提供服务，这一目的体现了合作社的所有者与利用者的统一。

二、农民专业合作社的具体意义

（1）农民专业合作社是根据我国政府的相关支持政策发展起来的，对当地的经济发展起到了很大的促进作用。自农村改革开放以来，我国农业经历了由统购统销到全面面向市场、由总量不足到供需基本平衡、由追求数量增加到主动进行结构调整的深刻变化。在这个过程中，农业市场化和农业产业化程度同步发展、同步提高，相互作用、相互影响，千家万户的家庭经营面对千变万化的市场大潮，客观上为新型农民专业合作经济组织的产生与发展提出了需求，提供了可能，创造了条件。许多地方在实践中，已经探索出了龙头企业＋合作社＋农户的产业化经营模式，有的农民专业合作经济组织自身就搞起了产业化经营。农民专业合作社对农村经济发展有着积极的拉动作用。截至 2017 年底，全国农民专业合作经济组织已超过 15 万个，加入的农户 2363 万户，占全国农户总数的 9.8%。虽然数量还不多，覆盖面还不大，但这种新型合作形式正在为更多的农民所认识，显示了强大的生命力。

（2）农民专业合作社积极地调整和改善了农民的投资状况。一方面，农村经济风险高、效益低的弊端决定了单一发展农村小额信贷的局限性，有必要将农民自有的闲散资本集中起来。另一方面，由于农业产业链条长，家庭经营方式既需要产前、产中、产后多环节的社会化服务，又需要在家庭承包制的形势下，有与之相适应的组织形成，以降低分散经营的交易成本及其市场风险。因此，农民专业合作社应运而生。

（3）农民专业合作社改善了农户经济关系中所处的不利地位，提高了农民的经济效益。农户作为原材料的供给者，在与龙头企业的经济往来中，往往处于劣势。如果每户以独立身份进入市场进行交易，龙头企业对于原材料的需求弹性会很大，产品价格上升空间会很小，经济利益很大程度上会流向龙头企业，或者流向商品销售的终端，农民很难盈利，农村的经济环境很难改善。但是，农民专业合作社的存在改变了这一局面。通过农民专业合作社，农户相互结合在一起，在进入市场的时候更有话语权，龙头企业对于他们提供的农产品原材料的需求弹性不会很高，农产品的价格就可以保持在一个相对较高的水平上，从而提高了农民的经济效益，从根本上改善农村经济。

（4）农民专业合作社能够更好地控制风险，熨平经济波动，稳定农村经济发展。由于农产品市场本身具有很强的滞后性，今年的种植计划要靠往年的收益情况来制定，但又要在下一年或者数个月后才能实现收益，这样供给与需求就很难在市场上达到平衡，农民的利益很难得到保障。此外，由于农村经济的特殊性和弱势性，农产品市场的稳定易遭受来自自然、社会等因素的干扰。农民个人对于这种风险无能为力，只能硬性接受。但是，农民合作社可以凭借自身相对强大的资金实力，较为分散地种植计划，合理地控制潜在风险，从而达到稳定农村经济的效果。

第二节　农民专业合作社的基本要素

一、成　员

1. 成员的基本要求

农民专业合作社的成员可以分为自然人成员和单位成员。自然人成员包括农民成员和非农民成员。但是，不允许单纯的投资股东成为成员，具有管理公共事务职能的单位不得加入合作社。

2. 成员比例要求

农民专业合作社的成员数量要求必须在 5 人以上，农民应占成员额的 80%。成员总数 20 人以下的，可以有一个企业、事业单位或者社会团体成员；成员总数超过 20 人的，企业、事业单位、社会团体总数不得超过成员总数的 5%。

3. 成员的资格证明

农民成员以农业人口户口簿为证，非农民成员提交居民身份证复印件，企业、事业单位或者社会团体成员提交其登记机关颁发的企业营业执照或证书复印件。

二、组　织

1. 成员大会

成员大会是合作社的最高权力机构。成员总数超过 150 人的，可以根据章程规定，由成员代表大会行使成员大会职权。合作社的发展规划、决策，理事（长）、监事（会）成员的选举，分配方案以及合作社章程的制定和修改等重大事项，都要经过成员大会或者成员代表大会讨论、投票表决通过。

2. 理事会

理事会是合作社的执行机构，对成员（代表）大会负责。合作社的重大事项由理事会提出决策建议后，交成员大会讨论决定。理事会依据章程规定，聘用经理等经营管理人员。

3. 监事会

监事会是合作社的监督机构，由成员代表大会直接选出，代表全体成员监督检查合作社的财务及监事会的工作并向成员代表大会报告。

4. 经营机构

经营机构是合作社的经营和业务机构。规模较大的合作社也可以单设业务机构。其主要将理事会的决策贯彻到日常经营管理工作中。

三、场 所

农民专业合作社成员自有场所作为经营场所的应提交有权使用的产权证明，租用他人的应提交租赁协议和场所的产权证明。填写经营场所应该标明经营场所所在县市区、乡镇村、街道的门牌号。

四、出 资

1. 自有资金

（1）社员出资。参加合作社要出资，每个社员都要出资。随着合作社的发展，社员收入的增加和社员对合作社信赖程度的提高，社员就能够增加出资数额。

（2）社员投资。合作社办企业和服务实体，需要动员社员投资。

（3）公积金。合作社的公积金要根据合作社的经营情况决定，在合作社成立初期，经营规模比较小，公积金不可能提太多。

（4）国家项目资金。随着国家扶持合作社的力度不断加大，项目资金会不断增加，有条件的合作社可以积极争取国家的项目资金。

2. 借入资金

（1）社员借款。合作社在社员产品销售以后，可以动员社员把销售货款借给合作社，合作社参照存贷款利率付给利息。

（2）社会借款。合作社向社会借款作为流动资金，包括向个人、企业借款。

（3）银行贷款。向金融部门贷款，用于合作社扩大生产经营。

（4）合作社内部资金互助。这是经金融监管部门批准，可采取的一种融资方法，但绝不能以营利为目的。

五、章　程

农民专业合作社章程应载明下列事项：①名称和住所；②业务范围；③成员资格及入社、退社和出名；④成员的权利和义务；⑤组织机构及产生方法、职权、任期、议事规则；⑥成员的出资方式、出资额；⑦财务管理和盈余分配；⑧章程修改程序；⑨解散事由和清算方法；⑩公告事项及发布方式；⑪需要规定的其他事项。

第三节　农民专业合作社的经营管理

随着新农村建设和农业现代化的推进，我国农村经济正逐步由资源依附型向技术密集型、资本密集型和组织创新型转变。农业、农村发展需要政府惠农措施的支持、高新科技的支撑、组织管理制度的创新，三者缺一不可。国内外实践表明，农民合作社等农村社会化服务体系是将政策（金融）、科技、管理有机融合于一体的重要平台。

当前，我国正处于传统农业向现代农业转型的关键时期，农业生产经营体系创新是推进农业现代化的重要基础，支持农民合作社发展是加快构建新型农业生产经营体系的重点。在农业发展日趋市场化、国际化的今天，大力发展农民合作社，并推进农民合作社经营管理模式的创新，对于加快传统农业向现代农业转变、推进农村现代化和建设新农村都具有重要意义。

一、合作社融资模式

1. 联保贷款模式

"专业合作社成员联保贷款"采取综合权衡、分户授信、多户联保、责任连带、周转使用的方式发放，在贷款操作流程上与小企业联保贷款流程相似，即：客户申请—授信额度—贷款调查—审查审批—成员联保—发放贷款—贷后管理。在安全性上，由于采取多户联保、责任连带的方式，成员间相互监督用款，资金挪用风险降低，信贷资金相对安全；在便利性上，采取自愿组合、一次授信的方式，周转使用较为便利。以云南省元江县为例，在服务专业合作社金融产品开发方面，推出专业合作社成员联保贷款产品，主要服务群体为县域内的农村茉莉花生产小企业及农村专业合作社个体工商户，结合云南省联社《小企业联保贷款办法》，推出了"专业合作社成员联保贷款"，从而解决农村茉莉花生产小企业及农村专业合作社个体工商户融资困难的问题，首次筹集年联保贷款资金 500 万元，实现利息收入 305848.14 元。

2. 竞价销售模式

竞价销售模式一般采取登记数量、评定质量、拟定基价、投标评标、结算资金等方法进行招标管理，农户提前一天到合作社登记次日采摘量，由合作社统计后张榜公布，组织客商竞标。竞标后由合作社组织专人收购、打包、装车，客商与合作社进行统一结算，合作社在竞标价的基础上每斤加收一定的管理费，社员再与合作社进行结算。合作社竞价销售模式有效解决了社员"销售难、增收难"问题。以福建建瓯东坤源蔬果专业合作社为例，通过合作社竞价销售的蔬菜价格，平均每公斤比邻近乡村高出 0.3 元左右，每年为社员增加差价收入 200 多万元。

3. 资金互助模式

资金互助模式有效解决了社员结算烦琐、融资困难等问题。目前福建省很多合作社成立了股金部，开展了资金转账、资金代储、资金互助等服务。其规定凡是入市交易的客商在收购农产品时，必须开具合作社统一印制的收购发票，货款由合作社与客商统一结算后直接转入股金部，由股金部划入社员个人账户，农户凭股金证和收购发票，两天内就可到股金部领到出售货款。金融互助合作机制的创新实实在在方便了农户，产生了很好的社会效益。其优点在于农户销售农产品不需要直接与客商结算货款，手续简便，提高了工作效率；农户不需要进城存钱，既省路费、时间，又能保障现金安全；农户凭股金证可到合作社农资超市购买化肥、农药等，货款由股金部划账结算，方便农户；合作社可把社员闲散资金集中起来，供给资金困难种植户、经营户，起到很好的调剂互助作用。

4. 股权设置模式

很多合作社属于松散型的结合，利益联结不紧密，尚未形成"一赢俱赢，一损俱损"的利益共同体。因此，可以在实行产品经营的合作社内推行股权设置，即入社社员必须认购股金，一般股本结构要与社员产品交货总量的比例相一致，由社员自由购买股份，但每个社员购买股份的数量不得超过合作组织总股份的20%，其中股金总额的三分之二以上要向生产者配置。社员大会决策时可突破一人一票的限制，而改为按股权数设置，这样有利于合作社的长足发展。

二、合作社经营模式

1. 台湾省产销班模式

借鉴台湾省农产品产销班模式，发展农产品产销服务组织，如农产品产销合作社，将传统农业生产扩展到加工、处理、运输，延长农业的产业链条。一方面，生产前做好规划，生产规划迎合消费者的市场需要，做到产供销一体化。农业是弱质产业，容易受到外在因素的干扰，故应重视危机管理和预警体系的建立，生产前有完善的规划，对可能发生的气候变化、市场风险或其他意外，预先采取防范措施。另一方面，拓宽信息来源渠道，了解市场动态需求。通过多种渠道调查市场动态信息，并灵活运用信息，选择有利的销售渠道。不仅将产品转型为商品，而且要提升为礼品或者艺术品，赋予农产品新的价值，凸显新的文化特色，科学阐释农产品的营养价值，提升农业的文化层次和综合价值。

2. 带动依托模式

当前许多合作社带头人缺乏驾驭市场的能力，对市场信息缺乏科学的分析和预测，服务带动能力不强。对此，可以依托农业科研单位、基层农业服务机构、农业大中专院校等部门，开展从创业到管理、运营的全程带动。以对接科研单位为重点，开展创业辅导，建立政府扶持的农民专业合作社全程创业辅导机制。结合规范化和示范社建设的开展，政府组织有关部门对农民合作社进行资质认证，并出台合作社的资质认证办法，认证一批规模较大、管理规范、运行良好的合作社。在此基础上，依托有关部门和科研单位，建立健全全程辅导机制，进行长期的跟踪服务、定向扶持和有效辅导。该模式分为政府主导型和企业带动型，其中，企业带动型又以龙头企业带动型为主。

3. 宽松经营模式

要放宽注册登记和经营服务范围的限制，为其创造宽松的发展环境。凡符合合作组织基本标准和要求的，均应注册登记为农民专业合作组织。营利性合作组织的登记、发照由工商部门办理，非营利性的各类专业协会等的登记、发照和年检由民政部门办理。同时，积极创办高级合作经济组织，在省、市、县一级创办农业协会，下设专业联合会，乡镇一级设分会，对农业生产经营实施行业指导，建立新型合作组织的行业体系。

当前，农业发展由主要依靠资源消耗型向资源节约型、环境友好型转变，由单纯追求数量增长向质量效益增长转变，凸显农民专业合作组织在推广先进农业科技、培育新型农民、提高农业组织化程度和集约化经营水平等方面的重要载体作用。推进农民专业合作社经营以及管理模式的创新，并以崭新适用的模式辐射推广，必会推进农民专业合作社的长足发展，而这些也都需要我们根据实情不断地探索，并在实践中不断地完善。

第四节 农民专业合作社在农村经济发展中的地位与作用

我国农业产业化的迅速发展很大程度上得益于农民专业合作社的帮助，农民个人收入得到提高，改善了农民生活条件，直接影响了农民、农村和农业整体的发展，农民专业合作社正在为农民、农村和农业的未来发展添砖加瓦，使之焕发出新的活力。

一、农民专业合作社在农村经济发展中的地位

农民专业合作社是以合同协议规章制度为根本，以农民家庭为单位的农村农业生产经营货品的合作经营方式。在这样的方式下，合作社的生产经营拥有极强的民主性，可以根据当地的实际情况随时改善。农民专业合作社在实际实行中仍然存在着某些问题，但是这些问题并不会直接影响其在新形势下农业经济中的关键位置。由于农民的文化程度不高，所以难以意识到新形势下农村经济体制改革对于他们生活的重要程度，从而导致传统式的家庭生产模式仍旧是农民的主要生产观念，致使农业经济构建相对较独立，农业活动无法建立详尽的品牌效应产业链，在市场经济中难以获得预期的盈利。农民专业合作社的诞生，融合了农村生产资源，整体规划，建立产品销售、生产加工、运送、贮存、与农业生产经营有关的技术、资料等服务的运营模式，最大限度地改善农业产业经济效益。所以，农民专业合作社在农业经济中充分发挥着重要作用，占据了主导地位。

二、农民专业合作社在农村经济发展中的作用

身为保护农民合法利益的协作经济实体，农民专业合作社在转变农民交易市

场单薄位置、推进农民收入稳步增长、推动农业产业化发展、加速推进新农村建设层面发挥着重要功效。

（一）合理充分发挥土地资源价值

农民专业合作社可以合理充分发挥土地资源价值，具体体现在合作社转让交易土地资源或统一化生产与管理农民，使二者达到农业材料资源共享，有益于土地实行机械化、科学化生产，极大地提高了农业生产效率。与此同时，依据市场的需求统一标准生产、销售和生产经营农产品，不但买卖交易能够节省不必要的支出，同时也能够更好地达到市场的要求，不断提高土地资源的使用价值。

（二）组织农民联合起来抵挡市场风险

在农产品价格增涨幅度较慢且市面无法预估的情形下，农民是直接受害者，将承载极大的风险。农民专业合作社的组织性作用将在市面上处于劣势位置的农民结合在一起，逐渐扩张生产规模，省掉不必要的成本支出，将局面扭转过来，变劣势为优势，帮助农民在市场竞争中获取核心竞争优势位置，这正是农民专业合作社协调性和独立自主性的优势所在，正是这些核心竞争优势使得农民专业合作社能够在很大程度上迅速掌握市场信息，灵活规避市面转变，组织农民联合起来抵挡市场的风险，保护农民的合法利益。

（三）迎合市场的需求

在信息化时代，农民专业合作社身为市场经济的核心，唯有掌握每一阶段的市场信息，满足当今时代的市场需求，才能够帮助农民获得更好的生活和发展，合作社的前景才会一片光明。以往，农民们一直在苦恼不能掌握市场销售的一手信息，经常错过"市场高峰期"，导致货品卖不出去或者价格低于成本，抓不住市场机会，承载很大的市场风险。合作社的媒介传播作用，正好可以帮助农民走出困境，为农民创建一条直通市场的桥梁，协助农民迅速掌握市场的需求资料，彻底解决家庭管理的限制，做到生产标准统一化，达到市场需求，能够更好地推动农民加入市场竞争之中。

（四）推进农民工作

农民专业合作社解放了农民的传统式土地资源工作，给予了农民更多的选择机会，可以自主挑选工作，这是农村社会生产关系的一个转变，弱化了农业的内卷化效果，有益于改善农业产业效率、农民摆脱贫困和发家致富。因此，合作社是协助农民致富和兴盛农业经济的关键所在。合作社的农业生产基地可以雇用农民完成农业生产，这在很大程度上解决了一部分农民的当地就业问题，改善了农民的生活环境。另外，合作社还推进了有关产业的发展，推进了农业结构的总体修整，使农民在工作选择上不受局限，有更多的机会，可以多种途径就业。农民专业合作社的创建有益于农业材料资源共享，特色农产品发展前景光明，合作社的核心竞争优势带动了区域经济的未来发展前景。

（五）改善农民在市场中的位置

农民专业合作社将个体的农家人协同在一起，以合作社法人的身份，而不是单独个人的身份加入市场竞争中，改善了农民在市场中的位置，帮助农民在市场竞争中夺得一席之位。因为在市场经济的大环境里，竞争力的强弱和组织程度的强弱是呈正比关系，例如以往"单打独斗"的农民，因为缺少组织性资源，所以个体农民户一般生产经营规模小，再加上自身素质与文化水平不高，在获取市场信息方面，他们是非常吃亏的，在交易市场中始终位于劣势方，易于被市场中的大、中型经济实体压榨、欺骗甚至是经济伤害。由此，国家专门出台了保护农民经济的法律。《中华人民共和国农民专业合作社法》是继《中华人民共和国合伙企业法》《中华人民共和国公司法》《中华人民共和国个人独资企业法》之后，保护市场主体的另一部法律，在这部法律中明确确立了我国农民专业合作社的法律位置和经济位置。从那时起，农民专业合作社将和市场经济中的其他组织，比如个人独资企业、责任有限公司、股份有限公司等，拥有同样的权益、拥有均等的经济位置，有了法律保护，农民在市场经济中就可以很好地保护自己的权益。农民专业合作社合理抵挡了一部分市面实体对农民合法利益的侵袭，合理地改善了农民在交易市场中的位置。

（六）增加农民收入

通过与农民一同采购农业原材料和售卖农业产品，农民专业合作社大幅度地降低了农民的生产成本和交易成本，从源头上增加了农民的收益。以往，在组织资源欠缺的情形下，农民在采购生产原料和售卖农业产品时极易面临差价亏损，故而减少了该有的收益，辛辛苦苦，却没有收到相应的回报。在加入农民专业合作社后，农民不光可以轻松采购到药剂、肥料等基础农业生产资料还可以操作大型农业机械、农产品加工设备来帮助劳作，并且还引入了现代化的农业技术，极大降低农民的生产成本，成本降低了，收入自然会随之增高。在销售环节，农民在农产品市场买卖中会形成交易成本，这中间包含找寻交易目标、把握价格行情、签署和合同履行、监管另一方能否按协议执行和如果发生交易欺骗，亏损数额明细等，交易成本与交易次数是成正比的，农民可以以合作社为平台售卖各种农业产品，以市场经济利润最大化为标准，农民专业合作社将生产交易成本降至最低，农民的收入会大大增加，生活水平也将会得到改善。

（七）为农民提供全面信息

当前，农业专业合作社已变成政府与农民建立联系最高效的桥梁和纽带。一方面，农民专业合作社可以将政府制定的农业政策传播给农民，为农村公共政策的顺利实施做出贡献，政府政策实施到位，农民利益得到保障，形成双赢局面。另一方面，农民专业合作社可以及时、准确、合理地响应广大农民的意见或建议，并将这些意见或建议筛选整合，汇聚成群众性意见上报政府，为政府决策提供更完整、更可靠的信息，避免政府决策中的错误，促进科学民主的决策过程。同时，随着农民专业合作社数量的增加，农民专业合作社对其他代表社会利益群体的社会政治影响也在逐渐增加，对公共决策的影响正在不断扩大，以往农民在社会中的弱势群体位置将会发生改变，与其他社会阶层平等地享有同样的权益。

第五章　农业企业

第一节　现代农业企业的类型和特点

一、企业的概念和特征

1. 企业的概念

企业通常是指从事商品生产、流通、服务等经济活动，通过商品或劳务交换来满足社会需要从而取得盈利，实行独立核算、自主经营、自担风险、自负盈亏的依法设立的经济组织。

2. 企业的特征

企业是商品生产和商品交换发展到一定阶段的产物。企业是社会经济活动的基本经济单位，仅就其作为生产力组织形式方面来讲，有如下特征：

（1）企业是从事生产、流通、服务等经济活动的协作组织。企业作为一个组织实体，是由投资人通过一定的方式把一定数量和质量的劳动力和生产资料集合在一起，为特定的生产目的而组成并进行协作劳动的生产经营体系。企业区别于个体劳动的一个重要特征就是，它是众多劳动者进行协作劳动的场所。

（2）企业是以赢利为目的的商品生产者。企业的生产不是为自身需要而进行的，而是为了以其产品或劳务同消费者通过等价交换去满足社会需要而获得利润。商品性和赢利性是企业最重要的特征，也是区别于其他非经济性组织的重要标志。获取利润是企业存在的基本理由，但是企业的利润源泉或生存发展的机会并不取决于企业自身的赢利动机，赢利也并不必然表现为经营常态。企业只有以消费者或顾客服务为宗旨，保持内部条件、外部环境和经营目标的动态平衡，才能获得更好的发展。

（3）企业是享有独立经营自主权的市场经济主体。企业作为投入各方为谋求一定利益而结合形成的利益共同体，只有实现其整体的发展和利润的增长才能满足和协调各方面的利益需要，所以必然要求企业拥有独立的经营自主权，实行自主决策、自主经营、独立核算、自负盈亏。

（4）企业一般是具有独立人格或法律主体资格的法人。企业作为一种社会经济组织，只要是按照相应条件依法登记设立，能够以企业的名义进行民事活动并承担相应责任，享有民事权利和义务，就具备了成为法人的基本条件。企业法人是一种常见形态，但不是所有的企业都是法人企业。

二、农业企业的概念和特征

1.农业企业的概念

农业企业是指使用一定的劳动资料，独立经营、自负盈亏，从事商品性农业生产以及与农产品直接相关活动的经济组织。农业企业与乡镇企业不同。乡镇企业在农村中主要是从事非农产业，只有极少数是属于农业企业。农业企业既包括以土地为投入要素直接经营农、林、牧、渔业的经济组织，也包括从事农业产前、产中、产后各环节的加工、服务等相关活动的企业。广义的农业企业，其经营项目既包括农业机械、饲料、肥料、肉类包装、各种食品的生产和销售，也包括以天然纤维为原料的纺织品的生产和销售。

2.农业企业的特征

农业企业除了具有一般企业共有的属性之外，还具有以下特征：

（1）农业企业的经营对象是农作物和农产品，这是农业企业区别于其他工商企业的最显著特点。农产品生产涉及多种自然因素和经济因素，有些因素可以控制，有些因素无法控制。农产品具有生产资料和消费资料的双重属性。

（2）农业企业的经济效益具有较大的不确定性。由于农业生产周期长，受客观因素尤其是自然条件的影响较大，不可控因素较多，加之市场风险的影响，使农业经营风险较大，投入与产出的因果关联常受偶然因素的影响，经营结果难以准确测定，经济效益常有波动。

（3）农业企业作为农业生产的基本单位，其组织形式灵活多样，规模可大可小，可以是一个家庭、几个家庭的联合或公司等；可以是法人企业，也可以是非法人企业（如业主制企业和合伙制企业）。但这并不意味着对农业企业规模没有要求。在经营规模十分小时，农业经营便会丧失规模经济效应，因此农业企业也必须讲求适度规模经营。

（4）由产业的特性所决定，农业生产受自然因素制约而周期较长，农业生产决策以及产品结构调整对市场需求变动的反应相对迟滞，决定农业企业经营成败的因素错综复杂，加大了农业企业经营决策的难度。

（5）农业生产经营活动的分散性给企业的生产组织、劳动管理和供销管理等经济活动带来复杂性，同时农业生产条件较差，工作环境较艰苦。

三、农业企业化经营的意义

农业企业化经营的直接意义在于：遵循商品经济规律，以经济效益为最直接经营目标，通过各种手段，采用先进的技术，提高劳动生产率，尽量降低农业生产中的成本和费用，使产品具有市场竞争力，最终体现农业经营收入和利润的增加。具体体现在以下几点。

1. 保持劳动平衡

农业企业可以通过多样化经营，尽可能地减少劳动力、劳动辅助手段的开支和在不同的季节内尽可能地保持相同规模的生产，以达到劳动平衡。一般来说，某种土地利用方式的翻地、播种和收获的时间是相对固定且分别集中在一个相对较短的时间出现在两个农忙峰值之间。为了达到最佳劳动量耗费，可以将那些在时间上能相互补充的不同的土地利用方式结合在一起，即一种土地利用方式的劳动低峰期能被另一种利用方式的劳动高峰期所填补。这样就可以以最少的劳动耗费取得既定或最佳的经济效益。

2. 降低成本

农业企业经营规模的扩大，能最大限度地分摊固定设备和采用科学的技术和成本费用，降低生产成本。当成本费用降低成为可能时，反过来又能刺激农户采用更先进的农机设备和农业科学技术，使农业机械和先进的农业技术得以推广，为进一步提高农业生产率创造条件。

3. 降低交易费用

农业企业在某种程度上对市场组织的替代，减少了农业生产诸要素（包括劳动要素）所有者之间讨价还价的交易费用。农业企业作为一个经济实体，通过分工与协作，大大减少了家庭小农户在购买生产资料和产品销售时，单个主体跟市场进行交易所耗费的大量人力和时间，节约了交易费用。

4. 享受更宽松的政策

企业具有比单个农户更大的自由度和独立性，能够享受比较宽松的政策环境。在土地耕种类型和产品销售方面享有更大的权力，对政府和市场有更大的影响力。如农业企业因其产品市场份额大，具有更大市场议价能力，甚至有左右价格的能力。

5. 利于降低企业风险

虽然分散的家庭小型经营表面上看起来更具有灵活应付风险的能力，但它的成本是非常高的，而一个较大的农场企业具有更多的减少风险的机会。首先，企业化经营促使农业企业的经营者主动去获取市场信息，预测市场供需情况来合理安排自己的生产，达到规避风险的目的；其次，企业化经营使农业生产者直接面对市场，依据市场需求来调整自己的产品结构，从而可以将市场价格波动造成的风险在几种产品中分摊；再次，规模较大的农场可以通过种植几种能适应不同小气候的作物来减少自然风险。

四、农业企业的类型

农业企业根据不同的标准，可以划分为不同的类别。如按企业经营规模或农产品的市场化程度，可将农业企业分为：第一类是自给自足型企业，其向市场供应的农产品占总产量的百分比少于 25%；第二类是少量商品化型企业，出售的产品占总产量比重的 25% ~ 50%；第三类为高度商品化企业，其出售农产品的比重在 50% ~ 70%；最后一类即完全商品化型，其销售比重在 75% 以上，主要为市场销售而从事农产品生产。按农业企业与市场交易关系的程度，可划分为专业化农业企业、契约型农业企业以及纵向垂直一体化的农业企业等等。综合以上划分标准，同时结合农业企业内部的组成结构，以及农业企业使用土地的方式的不同，可将农业企业区分为以下几种基本类型。

（一）农户家庭经营组织

农户家庭经营组织是以农户家庭为单位承包集体所有的土地，进行自主经营、自负盈亏的农业经营组织。具体可分为三类：一是超小规模农户经营组织，经营规模小于 0.67 公顷；二是适度规模的农户经营组织，经营规模 0.67~6.7 公顷；三是规模经营农户组织，经营规模 6.7 公顷以上。后两类为大户承办包（租赁）经营组织或家庭农场式经营组织（或现代企业式家庭农场）。我们将农户家庭经营组织看成是超小经营规模的农户组织，这类农户家庭直接经营的产品除了交足农业税和定购粮外，主要是自给自足。严格意义上来讲，这种类型不是企业化经营，但无论是现在还是将来一段时间内它都会在中国广泛而普遍存在。

有关农户经营组织的研究表明，农户具有以下制度结构、组织特征与效率：①以家庭为载体，内部分工与协作便利，信息沟通容易，决策反应快，随机性强，能够适应农业生产中面临的自然环境的不稳定性。②农户直接组织经营，劳动无须计量。③特殊的分配规则和良好的激励机制。④管理成本低，组织技术简单，能够适应农民的组织习惯和心理习惯，具有很强的组织稳定性。

（二）农村大户经营

农村大户经营组织是市场主导型的专业化农业经济组织。其产生的途径：一是农户经营者直接承包或租赁土地，通过逐渐积累而形成规模经营大户；二是农户经营者向社区乡镇集体经济组织承包或租赁那些没有发包到户的集体山地或耕地、林地等；三是社区集体经济组织推行"两田制"或"三田制"时，通过投标承包大片土地而形成。该类组织大体上具有农户经营组织的分工决策灵活以及良好的分配激励机制等优点。具体来看，有以下两种形式：

1. 家庭租细式

经营者以单个家庭为主体，其生产的产品除满足自身的需求外，主要用来出售和深加工。其经营的土地只有一部分是按人口承包而分得的；另一部分土地需经过土地流转机制而集中。主要土地流转机制有：①转包。初始承包人将其从集体经济组织承包的责任田，转包给后来承包人。后承包人按承包土地的多少负担农业税和国家订购任务及集体提留，并按转包协议交纳一定额的转包费。②转让赠与。转让是指初始承包人一次性收取转让费，将土地使用权转让给受让人。转让关系发生后，转让人与受让人之间不再存在因转让而产生的任何关系，这是与转包明显不同的地方。赠与主要是发生在亲戚、朋友及家属之间的一种无偿性质的土地经营权的转移。③抵押。目前在我国农村土地使用权抵押受到有关法律法规的限制，但有两种情况可以进行：一是由抵押人依法承包并经发包方同意抵押的"四荒地"；二是以乡（镇）、村企业的厂房等建筑物抵押的，按其占用范围内的土地使用权一起抵押，但土地使用权不得单独抵押。

2. 家庭式农场

家庭式农场是单个农户家庭或几个农户家庭的联合经营，其农产品主要面向市场销售或加工；其销售或加工的农产品数量一般要大于家庭式租细。

　　家庭式农场具体又可归纳为以下三种。

　　第一种，两田制下的家庭农场。一般人们将这种模式理解为，在坚持土地集体所有和家庭承包经营的前提下，将集体土地划分为口粮田和责任田。口粮田能保证农民吃饱，按人均分，只负担农业税，不负担订购粮任务和交纳承包费；非口粮田可能是承包田、租赁田、拍卖田等，经营非口粮田的农户负担全部订购粮并交纳承包费。农户耕种的责任田，其产品主要用来深加工和供应市场。其经营规模等级属高度商品化型。其适宜分布的地区有：人少地多，能在保证基本生活前提下拿出土地来集中连片出包，或土地质量高，所需口粮田不多的地区；农户经营规模土地，比较利益较高的地区以及经济比较发达，人们对土地的依赖性不强的地区。苏南地区的"种田大户"就是采用的这种模式。以江苏武进区东群村为例，该村共有耕田 714 亩，责任田 197 亩，由 5 个农户承包。土地集中模式是：在原来的均包制的基础上，划分口粮田和责任田，农户通过转包责任田实现土地集中，转包时承包者须交纳有偿转让金给村委会。经营操作模式是：村委会及有关部门给予种田大户支持，包括农业基础设施建设，农机、农技、农资的支持；为他们开设专门账户贷款、粮食产品优先收购入库等；农户负责作物管理，如防虫、施肥、灌溉，农忙时还须雇用帮工。一般来说，只要他们能够管理好，都能取得好的经营收益。

　　第二种，一田制的家庭农场。所谓一田制是指只有承包田，村集体将土地全部收回或"反租倒包"将土地集中到村集体手中，再将全部土地分成若干块，组成农场，由农户承包经营。苏南地区称之为"村办农场"，如江苏武进区的华新村，把全村 960 亩稻田分成 6 块，组成 6 个村办农场。每个农场再由以家庭为主体的专业承包户承包；承包者是经营者，其报酬由基本工资和奖金构成（当然，承包者未能实现规定的产粮任务应做出相应的赔偿）。农场按照企业方式管理，农业生产有目标管理、计划管理、产品质量管理等企业管理制度。

第三种，几个家庭合作农场。合作家庭以资金、农机、技术和土地作为合作基础，但主要在生产技术环节上的互助合作。在作物布局、机耕、排灌、除虫、收割等"几统一"的前提下实行"定面积、定田段"的分户管理，生产费用共同承担，收益分配自负盈亏。比如，浙江温州瑞安市扬桥镇通过试点到推广，吸收山区农户承包土地，到1994年共办起了12个合作农场，取得较好的经济效益。这种农场经营规模一般不大，产品少量供应市场，规模等级属少量商品化型。

（三）股份合作型农业企业

股份合作型农业企业是整个集体经济组织的内部合作，集体经济组织对其所有土地进行测量和评估，按质折成股份，按人均分，农计部门以技术折股，集体以其积累折股，共同组成股份公司（以土地股为基础）进行公司化经营。入股农户可以参加具体的生产活动，也可以不参加。

这种模式的最大优点在于：土地已经股份化，合作者拥有的是股权，凭股权分红使土地收益权有了保障。这样，不管农户是否经营土地，不管土地今后的增值有多大，农户都不会因土地入股而丧失利益，从而为土地的连片流转解除后顾之忧。农业产品一部分用来满足居民口粮需要，另一部分用来生产面向加工和供应市场的产品；其经营规模等级为少量商品化型或高度商品化型。这种模式主要分布在沿海经济发达地区和城郊接合部。这里的农户兼营现象突出（除菜农外），农业旁落到无足轻重的地位，而且具有一定的资金和技术实力，地方领导和农户的文化素质相对较高，土地大片经营条件已经具备，这种条件下的股份合作规模大，可以实行公司化经营管理。

广州市天河区是农村社区股份合作制的主要发源地之一。从1992年开始全市农村推行社区型股份合作制，至1995年，全市（不包括县级市在内）共有177个村建立社区股份合作经济组织，超过全市总村数的50%。社区型股份合作制是以原社区农村集体经济组织为单位，在不改变生产资料（土地等）集体所有的前提下，把社区内集体经济财产部分或全部量化折股到每个成员头上，并参照股份制的组织治理结构成立股份合作组织，统一经营，民主管理，按股分红。社区型股份合作经济组织的制度特征是：

（1）股权结构多元化，一般须设置集体股、个人股以及社区个人现金股。

（2）其经营控制权一般掌握在由社区村民代表大会直接选举的代理人手中，或者掌握在社区组织选择的代理人手中。

（3）设有股东代表大会和董事会等组织机构，实行"一人一票"的决策制，按股分红，但一般个人股不能退股和转让。

在温州市，瓯海区郭溪镇任桥村也是一种典型的采用股份制经营的农业企业。其股份组合是：200多户农户承包的344亩土地使用权折价为700股，农技人员技术折股300股，村集体提留折股2000股，再由7位直接经营者每人出资5万元，折股7000股。

公司将344亩农田分成8个区，由7位经营者直接管理，公司则负责产前、产中、产后的全程配套服务。实践表明，股份农场比周围其他农户亩生产成本明显下降，粮食产量和经济效益明显提高。

（四）农业上市（股份有限）公司

通过股份制改造，并在证券市场上筹资运作的以经营农业为主的企业，一般被称之为农业上市公司。自1997年以来，我国农业上市公司有了较快的发展。目前，农业上市公司中的绝大部分采用了"公司＋农户"这种经营组织形式。农户作为公司的原材料生产基地而存在，公司引导农户进入市场并承担相应的市场风险，双方结成共存共荣的利益共同体。农业上市公司内部一般具有相对良好的公司治理结构，经理员工的激励约束机制以及公司章程、财务制度建设比较健全。同时，这类上市公司也注重市场调研与农业技术研究应用以及新产品的开发等组织管理水平较为先进。如丰乐种子（0713）地处安徽合肥市郊的西七里塘镇，是1997年4月国内第一家上市的种子公司。它在经营粮食、瓜菜种子，并在抓公司主导产品（其中西瓜籽产销量占全国的40%的市场份额）的基础上，向种子的上游如肥料、农用喷灌设施以及种子的下游如种子包装、服务等领域延伸。公司还在 1998 年投资 1 亿元兴建 23 层高的种子大厦，从事种子的研究实验、技术咨询、农技推广等新产业。

第二节　农业企业的经营管理

一、农业企业经营管理的概念与内涵

农业企业作为一个赢利性经济组织，应该服从于企业经营管理的一般规律。企业管理是指在一定的生产方式和文化背景下，由管理机构按照客观规律的要求，对企业生产经营活动进行计划、组织、指挥、协调和控制，充分合理开发和优化利用各种可以支配的资源，尽可能多地创造和增进社会福利并实现自身盈利目标的过程。在现代市场经济条件下，企业生产经营活动的过程主要是对内部生产技术活动进行有效组织与管理以及对充分利用外部市场机会和协调环境关系等活动进行有效分析与决策两个方面。前者通常称为狭义的企业管理，后者则称为企业经营。"经营＋管理"构成现代企业管理的全部内涵，也构成广义企业经营管理的概念。

现代农业的市场化程度日益提高，现代农业企业与传统农业企业的一个重要区别在于，它与市场的联系愈来愈紧密，市场等环境因素对企业的影响力度和范围日益增大。现代农业企业全部生产经营活动中关于处理市场机会和协调外部环境关系的活动，成为决定企业生存发展最重要的管理活动，所以现代农业企业必须把搞好经营放在重要的战略地位。按照一般企业经营的概念，可以把农业企业经营概念定义为：农业企业为了及时有效地抓住和利用外部环境提供的机会，最大限度地发挥自身比较优势，努力实现企业内部条件、经营目标与外部环境三者的动态平衡，进而实现企业的效益目标和发展目标，并侧重于围绕协调和处理企业与外部环境关系以及有关企业发展方向与战略决策等问题而进行的一系列综合性管理活动。这个概念可以从四个方面去理解：①经营是市场经济特有的范畴；②经营的基本动因是为了及时有效地抓住和利用外部环境提供的机会，目的是实现企业的效益目标和发展目标；③经营的过程是努力实现和保持企业内部条件、经营目标与外部环境的动态平衡，手段是充分认识和把握外部环境变化，最大限度地发挥企业的比较优势；④经营的重心是协调和处理企业与外部环境的关系，重点是搞好经营战略决策，不断优化资源的动态配置。

随着市场经济的发展，现代农业企业管理必须由以生产为中心的生产型管理发展为以生产经营为中心的经营型管理，但是这不等于说农业企业内部的管理就不重要。现代农业企业管理的任务之一，是要合理地组织企业生产力，这就要求把企业作为整个社会经济系统的一个要素，按照客观经济规律，科学地组织企业的全部生产经营活动，对企业内外各方面活动进行统一决策、计划、组织、领导和控制，才能保证企业再生产和扩大再生产的顺利进行。农业企业经营和管理的关系，实际是两种相互联系又相互区别的对内和对外管理活动的关系。企业系统是一个开放的经济系统，其经营活动与环境紧密相连，受外界条件的影响和制约。企业要善于捕捉和利用外部环境提供的机会和条件，这样才能求得生存和发展。管理活动分为内部和外部，是现代农业企业有效参与市场竞争的需要。但是企业内部活动和外部活动是密切联系不可分割的，这决定了农业企业经营和管理的划分仅仅是管理职能分工的一种表现，是企业各级管理人员之间的一种分工和协作关系。经营和管理都贯穿于农业企业生产经营活动的全过程，且两者都服从于同一目标，即追求合理的盈利和企业的可持续发展。从另一角度看，在现代市场经济条件下，农业企业经营就是在动态的市场环境中寻求企业盈利和发展的机会，其任务就是千方百计抓住环境机会并对此提出相应的对策，管理则侧重于发挥内部优势去适应和影响环境的变化，实现经营的目标。从这个意义上说，经营决定了管理的方向与目标，管理对经营过程予以调节和控制；经营是管理的依据，管理源于经营并为经营服务。两者相互分工、相互补充和相互作用，共同促进现代企业管理的整体运行。

二、农业企业经营管理的特征与性质

农业企业经营管理的性质具有二重性，即生产力属性和生产关系属性，两者互相联系并寓于供应、生产、销售、分配等环节运行之中。

1. 经营管理的自然属性

经营管理是社会化大生产和共同劳动的客观要求。任何社会、任何生产部门，只要有许多人在一起协同劳动，就需要有经营管理。随着社会生产的社会化程度的提高，共同劳动规模的扩大，劳动分工协作的日益精细、复杂，愈来愈要求有严格的组织、正确的指挥、精细的核算等科学的经营管理，这是任何社会制度下都普遍存在着的一种经济上的客观要求。经营管理的自然属性主要体现在合理组织生产力的职能上，它与社会制度没有直接的关系，只要符合客观规律的要求，并能促进生产发展的管理经验和方法，就有它的科学性和普遍性。

2. 经营管理的社会属性

经营管理又是生产关系的反映和体现，它的性质决定于生产关系的性质，这是经营管理的社会属性。经营管理的社会属性主要体现在维护和调节社会生产关系的职能方面。

三、农业企业经营管理与农业经济管理的关系

1. 农业经济管理

农业经济管理（management of agricultural economy）是对农业生产总过程中生产、交换、分配与消费等经济活动进行计划、组织、控制、协调，并对人员进行激励，以达到预期目的的一系列工作的总称。

农业经济管理属于宏观经济管理。它是以整个农业经济活动为考察对象，研究和总结农业经济运行的一般规律，旨在做出有利于一国或地区农业经济发展的决策。农业经济管理就是要按客观经济规律和自然规律的要求，在农业生产部门之间、区域之间合理地组织生产力，正确地处理生产关系，适时地调整上层建筑，以便有效地使用人力、物力、财力和自然资源，合理地组织生产、供应和销售，妥善地处理国家、企业和劳动者之间的物质利益关系，调动农业生产经营者的积极性，提高农业的经济效益，最大限度地满足社会对农产品的需要。

农业经济管理的内容主要包括：在科学预测基础上，正确制定农业经济发展战略，编制农业发展计划；在农业区划基础上，进行农业地区布局，优化农业生产结构；合理开发利用农业自然资源、劳动力资源、物质技术资源和财力资源；建立合理的农业经济管理体制，确定农业生产经营中各方面的责、权、利关系以及分配中的积累与消费关系；正确地组织农产品的商品流通；综合运用各种经济手段，调节农业经济活动，并全面评价农业经济效益等。

2. 农业企业经营管理

农业企业经营管理（operation and management of agribusiness）是对农业企业整个生产经营活动进行决策、计划、组织、控制、协调，并对企业成员进行激励，以实现其任务和目标等一系列工作的总称。

农业企业经营管理属于微观经济管理。它是以单个经济单位（或企业）的经济活动为考察对象，研究农业微观组织经营活动的规律。其目的是合理地组织企业内外生产要素，促使供、产、销各个环节相互衔接，以尽量少的劳动消耗和物质消耗，生产出更多的符合社会需要的产品，实现农业企业的利润目标。

农业企业经营管理的内容主要包括：合理确定农业企业的经营形式和管理体制，设置管理机构，配备管理人员；搞好市场调查，掌握经济信息，进行经营预测和经营决策，确定经营方针、经营目标和生产结构；编制经营计划，签订经济合同；建立、健全经济责任制和各种管理制度；搞好劳动力资源的利用和管理，做好思想政治工作；加强土地与其他自然资源的开发、利用和管理；搞好机器设备管理、物资管理、生产管理、技术管理和质量管理；合理组织产品销售，搞好销售管理；加强财务管理和成本管理，处理好收益和利润的分配；全面分析评价农业企业生产经营的经济效益，开展企业经营诊断等。

3. 农业企业经营管理与农业经济管理的关系

如上所述，农业经济的管理按其所研究范围和侧重点不同，可分为宏观管理和微观管理两种。农业经济管理属于前者，又称为"大管理"；农业企业经营管理属于后者，又称为"小管理"。农业经济管理，是研究农业经济活动的总量及其运动变化的规律性，又叫总量分析或整体研究。其目标是通过制定合理的产业政策来实现农产品总供给与总需求的平衡。农业企业经营管理，是研究农业企业经营管理的规律性，又叫单量分析或个体研究。其目标是通过提高企业竞争力来实现企业的利润最大化。

农业的可持续发展是要依靠宏观的农业经济运行与微观的农业企业活动来实现的，这决定了农业经济管理与农业企业经营管理的划分仅仅是农业经济管理层级之间的一种分工和协作的关系。农业经济管理与农业企业经营管理都贯穿于农业经济（以及农业企业）生产经营活动的全过程，且两者都服从于同一目标，即满足人们日益增长的农产品需要。同时，在现代市场经济条件下，农业企业若想在动态的市场环境中寻求发展的机会并赢利，需要有一个稳定的、持续发展的农业经济体制平台。从这个意义上说，农业经济管理为农业企业经营管理决策提供制度环境或政策依据，农业企业经营管理是农业经济管理的微观基础。

第三节　农业产业化发展

一、农业产业化的概念与意义

（一）农业产业化的概念

农业产业化是以市场为导向，以经济效益为中心，以主导产业、产品为重点，优化组合各种生产要素，实行区域化布局、专业化生产、规模化建设、系列化加工、社会化服务、企业化管理，形成种养加工、产供销、贸工农、农工商、农科教一体化经营体系，农业产业化使农业走上自我发展、自我积累、自我约束、自我调节的良性发展轨道的现代化经营方式和产业组织形式。它实质上是指对传统农业进行技术改造，推动农业科技进步的过程。这种经营模式从整体上推进传统农业向现代农业的转变，是加速农业现代化的有效途径。

农业产业化的基本思路是：确定主导产业，实行区域布局，依靠龙头带动，发展规模经营，实行市场牵龙头，龙头带动基地，基地连接农户的产业组织形式。它的基本类型主要有市场连接型、龙头企业带动型、农科教结合型、专业协会带动型。

农业产业化是当前农业产业发展的一种经营模式，具有联合体的内涵。如果合作社是一种合作共赢的组织形式，那么产业化是一种缔结联盟的一体化过程。农业产业化经营的组织形式基本上是"公司＋基地""公司＋农户"或"公司＋基地＋农户"模式。农业产业化是我国在积极推进农业产业化经营，提高农民进入市场的组织化程度和农业综合效益时，按照依法、自愿、有偿的原则逐步发展起来的规模经营，主要体现在经营机构新、经营权限新、管理机制新等方面，是农业发展思路的创新。

（二）农业产业化的基本特征

当下农业产业化经营与传统封闭的农业生产经营相比，具有以下一些基本特征：

1. 市场化

市场是农业产业化的起点和归宿。农业产业化的经营必须以国内外市场为导向，改变传统的小农经济自给自足、自我服务的封闭式状态，其资源配置、生产要素组合、生产资料和产品购销等要靠市场机制实现。

2. 区域化

区域化即农业产业化的农副产品生产要在一定区域范围内相对集中连片，形成比较稳定的区域化的生产基地，以防生产布局过于分散造成管理不便和生产不稳定。

3. 专业化

专业化即生产、加工、销售、服务专业化。农业产业化经营要求提高劳动生产率、土地生产率、资源利用率和农产品商品率等，这些只有通过专业化才能实现。特别是作为农业产业化经营基础的农副产品生产，要求把小而分散的农户组织起来，进行区域化布局、专业化生产，在保持家庭承包责任制稳定的基础上，扩大农户外部规模，解决农户经营规模狭小与现代农业要求的适度规模之间的矛盾。从宏观上看，推进农业产业化经营的地区根据当地主导产业或优势产业的特点，形成地区专业化；从微观上，实行产业化经营的农业生产单位在生产经营项目上由多到少，最终形成专门从事某种产品的生产。

现在实行农业产业化经营，是从大农业到小农业，逐步专业化的过程。只有专业化，才能投入全部精力围绕某种商品进行生产，形成种养加、产供销、服务网络为一体的专业化生产系列，做到每个环节的专业化与产业一体化相结合，使每一种产品都将原料、初级产品、中间产品制作成为最终产品，以商品品牌形式进入市场，从而有利于提高产业链的整体生产效率和经济效益。

4. 规模化

生产经营规模化是农业产业化的必要条件，其生产基地和加工企业只有达到相当的规模，才能达到产业化的标准。农业产业化只有具备一定的规模，才能增强辐射力、带动力和竞争力，提高规模效益。

5. 一体化

农业产业化经营一体化即产加销一条龙、贸工农一体化经营，把农业的产前、产中、产后环节有机地结合起来，形成"龙"形产业链，使各环节参与主体真正形成风险共担、同兴衰、共命运的利益共同体，这是农业产业化的实质所在。

农业产业化经营是从经营方式上把农业生产的产前、产中、产后诸环节有机地结合起来，实行农业生产、农产品加工和商品贸易的一体化经营。一体化组织中的各个环节有计划、有步骤地安排生产经营，紧密相连，形成经济利益共同体。农业产业化经营不仅从整体上提高了农业的比较效益，而且使各参与单位获得了合理份额的经济利益。农业产业化经营既能把千千万万的"小农户""小生产"和复杂纷繁的"大市场""大需求"联系起来，又能把城市和乡村、现代工业和落后农业联结起来，从而带动区域化布局、专业化生产、企业化管理、社会化服务、规模化经营等一系列变革，使农产品的生产、加工、运输、销售等相互衔接，相互促进，协调发展，实现农业再生产诸方面、产业链各环节之间的良性循环，让农业这个古老而弱质的产业重新焕发生机，充分发挥作为国民经济基础产业战略地位的作用。

6. 集约化

农业产业化的生产经营活动要符合"三高"要求，即科技含量高、资源综合利用率高、效益高。农业与工商业的结合，从根本上打破了传统农业生产要素的组合方式和产品的销售方式，使农业生产者有机会获得农产品由初级品到产成品的加工增值利润。产业化经营的多元体结成"风险共担"的经济利益共同体，是农业产业化经营系统赖以存在和发展的基础。在单纯的市场机制下，一旦供求关系发生变化，市场价格便随之波动，甚至是剧烈波动，影响农业生产者的利益，也影响农产品加工、贮运企业的利益。产业化经营系统内各主体之间不再是一般的市场关系，而是利益共同体与市场关系相结合、系统内"非市场安排"与系统外市场机制相结合的特殊利益关系。由龙头企业开拓市场，统一组织加工、运销，引导生产，可以最大限度地保证系统均衡，使其内部价格及收益稳定，实现各参与主体收益的稳定增长。产业化经营的多元参与主体之间是否结成"风险共担"的共同体，是产业化经营的重要特征，也是衡量经营实体是否为产业化经营的核心标准。

7. 社会化

社会化即服务体系社会化。农业产业化经营，要求建立社会化的服务体系，对一体化的各组成部分提供产前、产中、产后的信息、技术、资金、物资、经营、管理等的全程服务，促进各生产经营要素直接、紧密、有效地结合和运行。

社会化服务是农业产业化经营的题中应有之意。作为一个特征，它一般表现为通过合同（契约）稳定内部一系列非市场安排，使农业服务向规范化、综合化发展。即将产前、产中和产后各环节服务统一起来，形成综合生产经营服务体系。在国外较发达的紧密型农工综合体中，农业生产者一般是从事某一项或几项农业生产作业，而其他工作均由综合体提供的服务来完成。在我国，随着农业产业化经营的发展，多数龙头企业从自身利益和长远目标考虑，尽可能多地为农户提供从种苗、生产资料、销售、资金到科技、加工、仓储、运输、销售诸环节的系列化服务，从而做到基地农户与龙头企业互相促进、互相依存、联动发展。

8. 企业化

企业化即生产经营管理企业化。不仅农业产业的龙头企业应规范企业化运作，而且其农副产品生产基地为了适应龙头企业的工商业运行的计划性、规范性和标准化的要求，应由传统农业向规模化的设施农业、工厂化农业发展，要求加强企业化经营与管理。

产业化经营需用现代企业的模式进行管理。通过用管理企业的办法经营和管理农业，使农户分散生产及其产品逐步走向规范化和标准化，从根本上促进农业增长方式从粗放型向集约型转变。以市场为导向，根据市场需求安排生产经营计划，把农业生产当作农业产业链的第一环节或"车间"来进行科学管理，分类筛选、妥善储存、精心加工，提高产品质量和档次，扩大增值空间和销售数量，从而实现高产、优质、高效的目标。

上述特点说明，产业化的内涵非常丰富，从这些丰富的内涵中，还可以引申出其他许多外延作用和意义。例如对乡镇企业产业结构和产品结构调整的作用，对新农村建设、小城镇建设和农村城镇化的推动作用等等。

（三）农业产业化的意义

从经济学和管理学的角度来看，农业产业化的深远意义在于它能够发挥一体化产业链诸环节的协同效应和利益共同体的组织协同功能，把农业生产的产前、产中、产后很好地联系起来，引导小农户进入大市场，扩大农户的外部规模，形成区域规模和产业规模，产生聚合规模效应，合理分配市场交易利益，产生农业自立发展的动力。

实行农业产业化发展，不仅能给农民收入增长带来极大的效应，而且能对我国农业的发展起到组织和导向的作用。其重要意义有：①有利于提高农业产业结构，增加农民收入；②有利于农业现代化的实现；③有利于提高我国农业的国际竞争力；④有利于提高农业的比较利益；⑤有利于加快城乡一体化进程；⑥有利于吸收更多的农业劳动力；⑦有利于提高农业生产的组织化程度。

二、农业产业化经营的条件

（一）有可依托的龙头企业

农业产业化经营一般是以龙头企业为主导发起或建立起来的运作模式，是把龙头企业建设作为发展农业产业化的关键环节。在农业产业化发展过程中，龙头企业起到"火车头"的作用，其经济实力和带动能力，直接决定着农业产业化发展的程度和水平。龙头企业必须具有对签约农户农产品进行收购、加工或经销的能力，发挥连接基地农户和市场之间的桥梁和纽带作用。农业产业化对龙头企业的性质、经营内容等要求不高，龙头企业可以是国有企业、民营企业、私营企业或外资企业等，也可以是农贸企业、加工企业、经销企业、专业市场、中介组织、科技集团等。

（二）具备规模化的农产品生产基地和一定组织化程度的基地农户

农业产业化、规模化发展需要越来越多的零散或小群体农户加入进来，形成足够数量的农产品商品生产基地，并能达到一定批量的商品产量和产值，才能实现专业化生产、区域化布局、集约化经营和社会化服务。如果没有大批农户并生产出批量的商品，就表明生产基地尚未达到一定规模，无法实现农业产业化经营。另外，对农户的组织化程度也要有一定的要求。要以农户易于接受的组织形式，使农户在自愿互利的基础上形成各种不同类型和规模的互助合作组织，加强与龙头企业及市场的联系。基地建设就是一种生产组织形式的建设，为了维护共同的利益，能够将分散的个体农户通过谈判等形式组织起来，克服一家一户的管理困难，发挥群体的优势。

（三）龙头企业和农户之间形成产业联盟体系

在实施农业产业化的过程中，各种不同的社会经济主体包括国家、工业资本、商业资本、银行资本和农民专业合作社等都参与了农业产业化的发展，但是，无论什么样的社会经济体都必须与基地农户之间建立起相对稳定的联系，形成相对稳定的产业链和一定程度的利益共同体。所谓的产业链，又建立在高度集成的供应链体系之中，该体系中产业主体间的关系具体表现为联盟关系，即产业联盟。这种关系可以是较松散的信誉型市场交易利益共同体之间的联盟，也可以是通过书面契约或章程建立起的紧密型合同制和合作制利益共同体之间的联盟，形成有机结合的农工商或农商型产业链，并形成不同联系程度的利益共同体。这些利益共同体的缔造，是保障基地农户和企业共同发展的重要基础。

（四）具有符合市场需求的主导产业和产品

主导产业是指具有一定规模，能够最迅速、有效地吸收创新成果，满足大幅度增长的需求而获得持续高速的增长率，并对其他产业有广泛的直接和间接影响的产业，这就要求联盟体系具备一定的市场灵敏度。主导产业是现阶段区域经济发展的支撑力量，是区域经济增长的火车头和驱动轮，离开主导产业的支撑去发展区域经济只能是空中楼阁。我国地区间经济发展水平、资源条件等存在差异，各地区应该重点发展本地区具有优势的产业，能否正确地选择区域主导产业，合理地确定其发展规模和速度，关系到区域经济建设的成败和区域可持续发展。

（五）成熟的社会化服务系统

基地范围内有较完善的社会化服务系统，是基地建设实现规模化、集约化的重要保证。要以健全乡村集体经济组织为基础，以国家专业技术部门和龙头企业为依托，以农民自办服务组织为补充，从良种繁育、种苗提供、饲料供应、技术服务、加工、运销、信息等方面建立起全方位、多渠道、多形式、多层次的服务系统。

三、农业产业化经营模式

（一）龙头企业带动型（龙头企业＋农户）

龙头企业带动型模式是以经济实力较强的农业生产资料生产和供应企业或农户品的加工和销售企业为龙头，对某一农产品实行系列化生产经营，带动农户或相关的生产企业发展优势产业和重点产品，联结生产基地和农户，形成紧密程度不同的产加销一体化经营。这种模式的优势在于：①龙头企业为农民承担市场风险和管理风险。②"公司＋农户"的生产经营组织形式，有效地改变了过去那种企业与农户利益直接对立的状况，建立了利益共享、风险共担的利益分配机制。③龙头企业与农户在资金、土地、劳动力和技术市场生产要素上实现了优势互补，龙头企业负责技术、资金密集、风险大的部分，劳动密集和风险小的部分交由农户负责，形成新的生产力。龙头企业与农户结合，既发挥大规模经营的优越性，又弥补农业小生产在经营环节上的缺陷，调动农户生产的积极性，实现更高层次上的双层经营。该模式缺陷在于：受市场供求变化影响大，农户品的供求关系难以稳定，合理的利益分配尚不完善。

（二）专业市场带动型（市场＋农户）

专业市场带动型模式的优势在于：专业市场成为农产品的集散地，加快了农产品的流通速度，减少了农产品流通环节，降低了交易费用。这种模式的缺陷在于：市场体系和基础设施建设尚需完善。农村流通中介组织还未发展完善，还需要培育专业化的经纪人队伍及提高农民参与流通的组织化程度。

（三）特色主导产业带动型（规模特色产业＋农户）

特色主导产业带动型模式的优势在于：投资少、易起步、风险小，尤其适合经济欠发达地区，资源优势相对突出，生产专业化水平高，形成专业村、专业乡，形成产、加、运、销为一体的产业群体。这种模式的缺陷在于：受资源比较优势战略的影响，不容易把握市场需求；产业层次低、产品质量差、市场竞争力弱；产业（产品）结构单一，对市场的需求动态适应性不强。

（四）服务组织带动型（服务组织＋农户）

服务组织带动型模式的优势在于：能够提高农民组织化程度，较好地解决农户生产规模小与市场的矛盾。这种模式的缺陷在于：有些社会化服务基础工作不扎实，随意性太大，农民难依赖。有些服务抓不住重点，不能解决农民迫切需要解决的问题。

（五）农业园区带动型（农业高新技术园区、示范园＋农户型）

农业园区带动型模式的优势在于：典型示范作用强，农业科技推广效应大。这种模式的缺陷在于：资金投入巨大，受资金约束强；科技水平要求高，受大多数农民文化素质和科技素质不高因素制约，大面积推广条件不成熟。

（六）中介组织协调型（"农产联"＋企业＋农户）

中介组织协调型模式的优势在于：信息渠道畅通，便于信息沟通，便于协调上级、县市政府之间的关系，一方面得到省（市、自治区）和国家有关部门的支持，另一方面避免不正当竞争。方便合作开发，"农产联"在市场、产品、人才和生产企业等方面可进行合作开发，以进一步提高企业素质、人才素质和产品质量，更高效地开发国内国际市场。这种模式的缺陷在于：该类型的中介组织主要是行业协会，其类型属于松散型组织。

第六章 农业社会化服务组织

第一节 农业社会化服务组织的内涵

一、农业社会化服务概念的多种阐述

广义的农业社会化服务是指行政、经济、教、科、文、卫事业单位和社会各个方面为农、林、牧、副、渔的发展所提供的一切服务。广义的农业社会化服务有两个特征：一是服务主体的广泛性，既有经济组织，又有行政机关，还有其他事业单位和社会团体；二是服务内容的多样性，既有经济、技术、信息服务，又有文化、政策、法制等服务，既包括有形的经济活动，又包括无形的法律和文化艺术等活动。从这个意义上说，凡是与农业生产相联系，并对农业生产发展产生直接或间接影响的活动，都可称之为农业社会化服务。

与广义概念不同，狭义的农业社会化服务是指：随着农村社会分工和商品经济的发展，为使家庭经营适应社会化大生产的需要，国家各经济技术部门、乡村合作经济组织和个人在农、林、牧、副、渔的再生产全过程中，为其提供信息、科技、物资、资金、运输、动力、销售等活劳动或物化劳动服务。首先，狭义概念明确了服务主体是国家经济技术部门、乡村合作经济组织和民办自我服务组织。其他对农业生产发生间接影响的行政、事业单位并不能作为农业社会化服务主体。其次，狭义概念明确了农业社会化服务是一种经济活动，实质上是相对独

134

立的农村"第三产业",它既为农、林、牧、副、渔各业服务,同时又是同农业、乡村工业并行的农村经济中的支柱产业。笔者所研究的是狭义概念上的农业社会化服务。

二、农业社会化服务概念的界定

1.农业社会化服务的主体

农业社会化服务,是主体与客体相互作用的过程。农业社会化服务的主体,是对农业社会化服务对象的成长施加催化和促进作用的部门或组织。一般地说,这种主体是由国家专业经济技术部门、乡村合作经济组织、民办自我服务组织这三个层次所构成。从构成主体的基本要素来分析,我们可以概括为六大系统:一是确保产前供应、产后销售的流通系统;二是为提高劳动力素质和生产技术水平的科技软硬件系统;三是为合理配置劳动力要素而建立的组织管理系统;四是为使农产品增殖而建立的农产品加工系统;五是为增强农业发展后劲,增加农业投入而组成的投资融资系统;六是为抵御自然灾害,保障农业再生产正常进行而形成的社会保险系统。从农业生产过程来看,上述服务系统又是在产前、产中、产后三个环节上分别发挥作用的。因此,农业社会化服务的主体是由多层次、多部门、多环节组合而成的相互联系的有机整体。

农业社会化服务的主体,相对客体而言,具有主动性、目的性、创造性三个特征。首先,主体的主动性指的是主体通过主动调整自己的服务行为,能动地影响客体的生存发展。从主体与客体在社会化服务中的作用过程来看,主体一般处于主动地位,客体处于受动地位,主体通过控制和把握农业社会化服务的速度、规模和质量,来体现自身的主动性。其次,主体的目的性指的是主体总是自觉地作用于客体,并努力使这种作用起到预期的效果。主体的目的性表现在宏观方面,是为了通过提供有效服务,为客体创造良好的外部环境和条件,促进农村商品生产的发展;而主题的目的性表现在微观方面,则因为各种服务活动都是经济行为,都必须遵循商品经济所固有的价值规律，因此，从主体提供服务的动力源来看，也是为了通过促进农业的发展，来满足服务主体自身的利益需求，实现主客体的共同成长与发展。再次，主体的创造性指的是主体总是创新地作用于客体，并力求服务的科学高效。随着农村生产力的发展变化，主体往往面临新问题，要解决这些矛盾，就要使自身适应新情况，改进服务方法，探索服务途径，增加服务手段，从而不断提高服务效益。

2. 农业社会化服务的客体

所谓农业社会化服务的客体，就是指农业社会化服务主体认识和施加催化、促进作用的对象。因研究角度的不同，可以对客体进行不同的划分：从产业构成来划分，可以分为农、林、牧、副、渔五业；从经营者构成来划分，可以分为集群客体和单个客体；从地域构成来划分，可以分为山区客体、平原客体、沿海客体等。适应以农业为对象的社会化服务研究的需要，本书采取产业构成的划分方法。为了使我们的研究更为深入，还需要对构成农、林、牧、副、渔的子要素进行剖析，如种植业是由粮食作物生产和经济作物生产构成的，其中粮食作物又包括谷类作物、薯类作物和豆类作物的生产，认真研究和把握客体的构成要素，是搞好社会化服务研究的前提。

处于主体作用对象的客体，具有以下三个特征。第一，社会性。客体的社会性表现在：社会化服务的主体与客体之间、客体与客体之间存在着千丝万缕的社会联系，有着相互制约和相互依赖的关系，脱离任何社会联系的产业是根本不存在的。因此，首先要承认客体有赖于主体，并成为主体作用的对象。同时又要看到主体的动力来自客体的需要，不符合客体需要的服务是毫无意义的。第二，自然性。自然再生产与经济再生产相互交织是农业生产的基本特点，因为农业生产的对象是有生命的动植物，所以在农业生产中，作为人类劳动过程的农产品生产过程，必然同时又是动植物有机体生长发育繁衍的过程。在农业社会化服务中，主体服务于客体不仅要把握客体的经济性质，而且必须遵循客体自然性的特征，这样才能正确扶持服务行为。第三，客观性。客体虽然是被作用的对象，但它却是不以主体意志为转移的，有着自身的运动规律。当人们能够在全面认识客体的基础上正确把握了客体的特点和规律，就能够正确制定社会化服务的战略战术；反之，人们制定的社会化服务战略战术不能客观地反映客体的特点和规律，社会化服务就可能出现失误。

社会化服务的主客体间存在着既对立又统一的关系。一方面，主客体有着不同的属性和本质，两者在社会化服务中处于不同的地位，起着不同的作用。在作用与反作用的运动中，常常出现不协调的状况，即主要表现为主体的服务供给与客体的服务需求在通常情况下难以长久吻合，可能是主体的服务供给不适合于客体的服务需求，也可能是旧的服务需求满足后，新的服务需求又产生，从而打破了原来的平衡。另一方面，主客体是共衰共荣，相互依存，失掉任何一方，都不能构成社会化服务的系统和过程；而且两者是相互促进的，主体可以通过有效服务促进客体的成长，客体的成长亦能壮大主体的实力。主客体的统一性还表现在主客体的地位只是相对的，在社会化服务活动中，有的组织和个体在甲种场合和时点上是以主体身份出现，在乙种场合和时点上却是以客体身份出现，因而形成一种你中有我，我中有你的格局。

3. 农业社会化服务的空间

空间农业社会化服务的空间是指农业社会化服务活动存在的地理区域。从客体所处的区域及服务活动发生的地域看，这个地理空间就是农村地区。与城市显著不同，农村地区有着独特的自然景观和经济景观，如农村的地形、地貌、野生资源、耕地、牧场等构成农村地区的自然特征，农村经济就是建立在这种自然条件的基础之上，集合着农业、农村工业、农村商业和农村服务业。农业社会化服务既是一种经济活动，又是相对独立的第三产业，属于农村经济的重要组成部分，因此可以把农业社会化服务的空间限定为农村地区。至于城市开展的服务于农业的活动，其作用的发生地仍然在农村地区，不会超出这个空间。

从社会化服务的空间结构考虑，我们应该从实际出发，合理建立服务网络，适度发展服务体系。在宏观上，应注意调整服务体系的整体格局，使之与我国农业生产力发展水平相适应；在中观上，要按照各地区的产业结构和经济特征构筑具有各自特色的服务体系轮廓；在微观上，农业社会化服务大系统中的各子系统、子要素要主动协调好主客体的空间集聚和组合关系。

4.农业社会化服务的时间

农业社会化服务的时间是指农业社会化服务活动的持续性和顺延性，这种持续性和顺延性以一定的再生产的时点为起止，可分为产前、产中、产后。农业社会化服务要求主体根据农业生产和再生产的时间特点，适时提供配套服务。在产前，主体应向客体提供良种、化肥、农药、信息、信贷、保险等服务，支持农业生产各要素在产前的组合；在生产中，要在机耕、排灌、植保、技术指导等方面开展服务，以保障生产过程的顺利延续；在产后，需提供加工、储藏、运输、销售等服务，以使产品增值并实现其价值。

农业社会化服务时间上的持续性和顺延性对社会化服务提出了两个要求：一是服务活动必须一环扣一环，环环相连接。如果哪一个环节的服务跟不上，就会对再生产过程产生不良影响，影响农产品的最终价值。二是服务时间不仅要连贯，而且要及时。如果误了农时季节，再周全的服务也会失去效用。因此，研究农业社会化服务的时间，应认真考察农业社会化服务的阶段与形式。可以把农业社会化服务当作周期性的运动过程，从而揭示农业社会化服务中时间、速度与效益的关系。

第二节　农业社会化服务组织的创新发展

一、农业社会化服务组织的创新模式

（一）合作社型创新

"合作社型创新"是农业领域重要的发展趋势，它旨在通过创新合作社的组织模式、经营理念和技术应用，推动农业生产、经营和社区发展的可持续性。这种创新涵盖多个方面，包括合作社内部管理、与农民的互动、利用科技推动农业现代化等。

首先，合作社型创新强调合作社的组织结构和运作模式。传统的农业合作社模式强调农民的集体经营，但在合作社型创新中，这一模式可能经过调整，更加灵活和适应多样化的农业需求。合作社可能采用更平等的决策机制，鼓励成员参与合作社的管理和规划，以更好地满足农业生产的需求。

其次，数字化技术在合作社型创新中发挥着关键作用。农业信息技术的应用，例如农业物联网、智能传感器、大数据分析等，使合作社能够更好地监测土地利用、作物生长状况、天气变化等因素。这种数字化转型有助于提高生产效率、降低成本，并为合作社成员提供更多实时的决策支持。

在农业科技方面，合作社型创新也包括对新兴农业技术的采用。包括精准农业技术、基因编辑技术、无人机应用等，以提高农业生产的精确性和效益。合作社可能与科研机构、农技公司等建立合作关系，共同推动科技在农业领域的创新应用。

此外，社区参与是合作社型创新的另一个关键元素。合作社不仅仅是农业生产的组织形式，还是社区经济和社会发展的重要推动者。通过强调社区参与，合作社可以更好地满足当地农民的需求，促进社区内部的协作和共同发展。

最后，可持续性是合作社型创新的核心理念之一。合作社可能注重采用环保农业实践，推动有机农业发展，减少对环境的不良影响。此外，合作社也可能关注社会责任，通过推动社区发展、改善农民生计等方式，实现经济、社会和环境的可持续平衡。

综合而言，合作社型创新在农业领域引领着一场全面的变革，涵盖了组织管理、数字化技术、科技创新、社区参与和可持续发展等多个方面。这种创新模式有望为农业带来更高效、更可持续的发展路径，同时也为农民和社区创造更多的经济和社会价值。

（二）农民专业合作社的创新实践

农民专业合作社的创新实践是农业领域中一项积极的发展，旨在通过优化组织结构、提升农业技术水平、拓展市场渠道等方式，促使合作社更好地服务农民、提高农产品附加值，并推动农业可持续发展。

首先，农民专业合作社的创新体现在其组织结构和管理方式上。传统的农业合作社模式通常以农民共同经营为主，而创新实践可能包括引入更灵活的管理制度、激励机制以及专业管理团队。这有助于提高合作社的决策效率和执行力，使其更适应现代农业的需求。

在技术方面，农民专业合作社的创新实践往往涉及采用先进的农业技术。这包括精准农业技术、智能农机械、远程监控等。通过引入这些技术，合作社可以提高生产效率、减少资源浪费，同时实现更可持续的农业生产。

另一个创新实践的方向是拓展市场渠道和提升农产品附加值。农民专业合作社可以通过建立直销渠道、开发农产品加工业务、拓展电商平台等方式，更好地连接生产者和消费者，提高农产品的附加值。这也为农民提供了更多的销售渠道和增收机会。

社会责任和环境可持续性也是农民专业合作社创新实践的考量因素之一。一些合作社可能关注采用有机农业实践，减少农药和化肥的使用，保护生态环境。同时，通过推动农民参与社区建设、提高农民生活水平等方式，实现社会责任的履行。

农民专业合作社的创新实践还可能涉及农民培训和技能提升。通过为农民提供现代农业技术培训、管理知识普及等，提高合作社成员的整体素质，增强他们应对市场变化和技术创新的能力。

总的来说，农民专业合作社的创新实践是一个多方面的过程，包括组织管理、技术应用、市场拓展、社会责任等多个方面。这种创新不仅有助于提升合作社的竞争力，更有利于推动整个农业领域的现代化和可持续发展。通过创新，农民专业合作社能够更好地适应当下的农业挑战，为农业生产和农民福祉带来积极的变革。

（三）农业社会化服务公司的创新策略

农业社会化服务公司在现代农业体系中发挥着关键的角色，其创新策略涵盖了组织管理、科技应用、市场拓展等多个方面，旨在提高农业生产效率、服务质量，并促进农业可持续发展。

首先，创新体现在农业社会化服务公司的组织管理方面。这包括引入更灵活的组织结构，促使公司更好地适应市场需求和农业生产的动态变化。管理团队的专业化和高效化也是创新的一部分，以确保公司能够迅速响应农民的需求，并更好地协调各项服务。

科技应用是农业社会化服务公司创新的关键方向之一。这包括采用现代信息技术、物联网、大数据分析等手段，实现对农业生产过程的实时监测和数据管理。例如，通过农业物联网，公司可以监控土壤湿度、作物生长状况等，提供精准的农业服务，帮助农民做出更科学的决策。

在市场拓展方面，农业社会化服务公司可能通过创新的商业模式来开拓更广阔的市场。这包括与零售商、餐饮业等建立战略合作伙伴关系，扩大农产品的销售渠道。公司还可以通过开发新的农业服务产品，如农业保险、农业金融等，提供多元化的服务，满足不同农户的需求。

创新策略还可能涉及对可持续发展的考虑。农业社会化服务公司可能关注推动农业的生态友好型实践，鼓励有机农业、生态农业的发展，以减少农业对环境的负面影响。同时，公司可能通过社会责任项目，支持农村社区的发展，提高农民的生活水平。

教育培训也是创新策略的一部分。通过为农民提供现代农业技术培训、市场信息培训等，农业社会化服务公司可以提高农民的生产水平和市场竞争力，同时促使更多农户参与到社会化服务的体系中。

综合而言，农业社会化服务公司的创新策略是一个全方位的过程，包括组织管理、科技应用、市场拓展、可持续发展等多个方面。通过这些创新，这些公司能够更好地满足农业生产的需求，为农民提供高效的服务，同时推动农业领域的现代化和可持续发展。这种创新不仅有助于提升公司的竞争力，也为整个农业体系的进步和农村社区的繁荣做出了积极的贡献。

（四）农业社会组织的创新经验

农业社会组织的创新经验是指在农业社会服务、合作和发展方面积累的成功实践和经验。这些经验涵盖了组织管理、社会参与、科技应用、可持续发展等多个方面。

首先，创新经验体现在组织管理方面。一些农业社会组织可能采用更平等、民主的组织结构，鼓励成员参与决策和规划。这有助于激发基层农民的积极性，增强组织的凝聚力和执行力。

其次，社会参与是农业社会组织创新的核心。通过积极参与社区建设、开展农民培训、推动社会责任项目等方式，这些组织能够更好地服务农民，促进社区经济的发展。社会参与也包括与政府、企业、非政府组织等合作，形成多方合作的模式，推动整个农业社会服务体系的发展。

在科技应用方面，农业社会组织可能采用现代信息技术、大数据分析等手段，为农民提供更智能化、精准的服务。这包括农业物联网的应用、远程技术支持等，以提高农业生产的效益和可持续性。

创新经验还涉及对可持续发展的考量。一些农业社会组织可能关注推动农业的生态友好型实践，倡导有机农业、循环农业等，减少农业对环境的负面影响。同时，通过社会责任项目，支持农村社区的发展，提高农民的生活水平。

教育培训也是创新经验的一部分。农业社会组织可以通过农技培训、市场信息培训等方式，提高农民的生产水平和市场竞争力，帮助他们更好地适应现代农业的要求。

在市场拓展方面，农业社会组织可能通过创新的商业模式，如直销渠道、农产品加工业务等，拓展农产品的销售渠道，提高农产品的附加值，从而增加农民的收入。

综合而言，农业社会组织的创新经验是一个多方面的过程，包括组织管理、社会参与、科技应用、可持续发展等多个方面。这些经验的成功实践为农业社会服务体系的完善和农村社区的繁荣提供了宝贵的借鉴和启示。通过这些创新，农业社会组织能够更好地满足农民的需求，促使农业领域实现更为可持续和全面的发展。

（五）农业社会合作社的创新案例

下面是一些农业社会合作社的创新案例，这些案例涉及组织管理、科技应用、市场拓展等方面的创新实践。

1. 以技术驱动的数字合作社

一些农业社会合作社通过引入先进的农业技术，如智能传感器、数据分析等，实现了对土地、作物的实时监测。这种数字化转型使合作社能够更准确地制定农业生产计划，提高生产效率。

2. 多元化的农产品价值链

有些合作社通过创新的商业模式，实现了农产品的多元化加工和价值链拓展。

例如，从种植水果到生产果酱、果汁等产品，扩大了农产品的附加值，提高了农民的收入。

3. 社区参与型合作社

一些合作社通过积极参与社区建设，推动社会责任项目，来增加社区居民对合作社的支持。这种参与型模式不仅提高了社区的凝聚力，还为合作社创造了更广泛的社会影响。

4. 绿色可持续农业合作社

创新的农业社会合作社注重生态友好型实践，采用有机农业、循环农业等方式，减少对环境的不良影响。这种可持续发展的模式不仅符合当代消费者对健康食品的需求，还推动了农业的生态化发展。

5. 科技培训和数字农业教育

一些合作社通过创新的教育培训项目，为农民提供数字农业技术培训。这有助于提高农民对现代农业技术的理解和应用能力，促使他们更好地利用科技提升生产水平。

6. 农产品电商平台

有些合作社建立了农产品电商平台，通过在线销售渠道直接连接农民和消费者。这种创新的市场拓展方式提高了农产品的销售效率，同时为农民创造更多的销售机会。

这些创新案例突显了农业社会合作社在不同方面的创新实践，为提高农业生产效率、拓展市场、促进社区发展提供了有益的经验和启示。这些案例也反映了合作社在适应现代农业需求、推动可持续发展方面发挥的积极作用。

二、先进技术在农业社会化服务中的应用

（一）农业机械化与自动化技术

农业机械化与自动化技术在当代农业领域中发挥着日益重要的作用，推动着

农业生产方式的现代化和效率的提升。这些技术的发展涵盖了从土壤准备、种植、施肥到收割等农业生产的各个环节，对提高农业生产效益、减轻农业劳动负担、推动农业可持续发展产生了深远的影响。

首先，农业机械化技术已经广泛应用于农业生产的各个阶段。传统的人力和畜力耕作方式逐渐被农业机械替代，包括拖拉机、耕整机、播种机、喷雾机等，提高了耕作效率，减轻了农民的体力劳动。机械化的播种和收割设备也大大缩短了生产周期，使得农业生产更加灵活和高效。

其次，随着信息技术和自动控制技术的发展，农业自动化技术逐渐成为农业现代化的关键推动力。自动化技术应用于农业领域的例子包括自动驾驶拖拉机、智能灌溉系统、植保无人机等。这些技术的使用不仅提高了农业作业的精度和效率，还降低了资源的浪费，有助于实现精准农业，最大限度地满足不同作物对水、肥、药的需求。

第三，农业机械化与自动化技术在解决劳动力短缺问题上发挥了积极作用。在城市化和人口流动的背景下，农村劳动力的减少是一个不可避免的趋势。农业机械化和自动化的应用使得少量的劳动力可以管理更大面积的农田，减轻了农民的工作负担，提高了生产效益。

此外，农业机械化与自动化技术的发展也促进了农业可持续发展。通过智能化的灌溉系统和植保技术，农业生产可以更加科学地利用水资源和农药，减少对环境的污染。同时，机械化的作业方式也有助于保持土壤结构的稳定，减缓土地的退化过程。

然而，农业机械化与自动化技术的推广和应用仍然面临一些挑战，包括高昂的投资成本、技术普及不均等问题。综合来看，农业机械化与自动化技术的不断创新和应用将为未来农业的可持续发展带来更为广阔的前景。

（二）信息技术在农业社会化服务中的应用

信息技术在农业社会化服务中的应用已经成为推动农业现代化的重要因素，

涵盖了生产、管理、市场等多个方面。这些应用不仅提高了农业效益，还促进了社会化服务的创新和提升。

首先，信息技术在农业生产管理中发挥了关键作用。农业社会化服务可以通过使用智能传感器、物联网设备等实时监测农田环境，包括土壤湿度、气象条件等。这种数据的收集和分析帮助农民更科学地制定种植计划、施肥方案，实现精准农业。此外，自动化的农业机械设备配备了 GPS 等技术，使得播种、施肥、收割等作业更加精准和高效。

其次，信息技术推动了农业社会化服务的数字化转型。农业社会化服务公司通过建立数字平台、移动应用等，将农民与服务机构、市场更紧密地连接起来。这有助于提供更及时的市场信息、农业技术支持、政策解读等服务，使农民能够更好地应对市场波动和农业生产的变化。

最后，信息技术的应用促进了农产品的电商化和智能物流。通过电商平台，农产品可以直接与终端消费者连接，实现产销对接，减少中间环节，提高农产品的附加值。智能物流系统则能够优化冷链物流、提高物流效率，确保农产品的品质和安全。

此外，信息技术在农业社会化服务中还推动了农业科技的普及。农民可以通过在线培训课程、移动应用等途径获取最新的农业技术知识，提高他们的生产水平。这也有助于缩小城乡信息差距，促使更多的农户参与到现代农业的生产模式中来。

在社区参与方面，信息技术通过社交媒体、在线社区等平台，促进了农民之间的信息共享和互动。农民可以通过这些平台分享种植经验、交流问题，形成更为紧密的社区网络，增强合作社的凝聚力和社区的合作氛围。

然而，信息技术在农业社会化服务中的应用也面临一些挑战，包括数字鸿沟、技术普及不均、信息安全等问题。因此，需要进一步加强基础设施建设、提高农民的信息素养，以确保信息技术的应用能够更广泛地惠及到农村地区，实现全面的农业社会化服务创新和发展。综合来看，信息技术在农业社会化服务中的应用为农业生产和社区发展带来了新的机遇和挑战，同时也为推动农业现代化提供了更为有效的手段。

（三）先进种植技术的推广

先进种植技术的推广在当代农业中扮演着重要的角色，旨在提高农作物产量、改善土地利用效率、减少资源浪费，并促进农业的可持续发展。这些先进技术涵盖了从育种、种植管理到采收等多个环节，推动着农业生产方式的转型。

首先，在育种方面，基因编辑技术和遗传工程的应用为农业产业提供了新的可能性。通过改良作物的遗传基因，科学家们能够培育出更加抗病虫害、适应气候变化的新品种。这些新品种具有更高的产量、更好的品质，有助于提高农作物的生产效益。

其次，种植管理方面的先进技术包括精准农业、智能农机械等。精准农业借助信息技术、卫星导航等手段，实现对农田的精准管理，包括水分、养分和农药的精准施用。智能农机械则通过自动驾驶、传感器等技术，提高了作业的精度和效率，降低了农民的劳动强度。

第三，先进的灌溉技术也是农业领域的重要创新。包括滴灌、喷灌、井下滴灌等高效的灌溉系统，能够减少水资源的浪费，提高水分利用效率。智能灌溉系统借助实时监测和自动控制，根据土壤湿度和气象条件进行智能调节，实现精准灌溉，降低水分和肥料的过度使用。

此外，先进的监测技术也为病虫害的防控提供了新的途径。通过使用传感器、无人机等设备，农民可以及时监测田间状况，发现病虫害的早期迹象。这有助于精确施用农药，减少对环境和生态的影响，提高农产品的质量。

先进种植技术的推广不仅依赖于科研机构的研发，也需要政府、企业、农民等多方合作。政府可以通过出台政策、提供资金支持，鼓励农民采用先进技术。

企业可以推动技术的商业化应用，提供培训和支持服务。农民则需要接受培训，了解先进技术的操作和优势。

综合而言，先进种植技术的推广对于提高农业生产效益、减少资源浪费、实现可持续农业发展具有重要意义。通过科技创新和多方合作，农业将迎来更加智能化、高效化的发展阶段，为满足不断增长的食品需求提供了可行的途径。

（四）农业无人机在服务组织中的运用

农业无人机作为一种先进的技术工具，在农业服务组织中的运用正在引领农业生产方式的变革。这些无人机通过搭载各种传感器和相机，实现了对农田、作物的高效监测、勘测和管理，为农业社会化服务提供了全新的可能性。

首先，农业无人机在农田监测中发挥了关键作用。无人机配备各种传感器，如红外线、多光谱相机等，可以实时监测农田的土壤湿度、作物生长状况、病虫害情况等关键参数。这为农民提供了更全面、及时的农田信息，帮助他们更科学地调整种植计划和农业管理策略。

其次，农业无人机在植保方面发挥了独特优势。搭载激光雷达或红外线相机的无人机可以快速、精确地检测到作物的病虫害情况，帮助农民及时采取防治措施。这不仅提高了农业生产的稳定性，还减少了对化学农药的依赖，有助于推动绿色农业发展。

第三，农业无人机在播种和施肥方面也展现了强大的潜力。一些先进的农业无人机配备了自动化的种植系统，可以精准地播种种子或施肥。这不仅提高了作物的密植效果，还减少了种子和肥料的浪费，实现了资源的更有效利用。

此外，农业无人机的运用还促进了农业数据的数字化和智能化管理。通过搭载各种传感器，无人机可以收集大量农田的数据，形成数字化的地图和模型。这些数据可以通过云平台进行存储和分析，为农业决策提供更为科学的依据，实现精细化管理和精准农业。

在社会化服务组织中，农业无人机的运用也为农民提供了新的服务模式。农业社会化服务公司可以通过拥有一支专业的无人机团队，为农民提供包括农田监测、植保、精准施肥等服务，提高服务的全面性和专业性。

然而，农业无人机的广泛应用仍面临一些挑战，包括法规和政策的不断完善、技术的进一步创新、成本的降低等。同时，农民对于无人机技术的接受和使用也需要逐步提高。通过不断优化技术、加强政策支持、提高农民培训，农业无人机的运用将更好地发挥在农业社会化服务中的作用，为农业现代化迈出更大的步伐。综合来看，农业无人机的运用为农业提供了更多的可能性，推动了农业生产方式向更为智能、高效、可持续的方向发展。

（五）先进农业传感技术的创新应用

先进农业传感技术的创新应用正在推动农业领域的现代化和智能化，为提高农业生产效益、减少资源浪费、实现可持续农业发展提供了新的途径。这些传感技术涵盖了土壤、气象、作物生长等多个方面，通过实时监测和数据分析，为农民和农业社会化服务组织提供了更为准确和科学的决策支持。

首先，土壤传感技术的创新应用对于农业生产的精准化管理起到了关键作用。传感器可以实时监测土壤的湿度、温度、酸碱度等关键参数，帮助农民科学合理地施肥、灌溉，减少了养分和水分的浪费，提高了土壤的利用效率。这种精准的土壤管理有助于实现精准农业，提高了农田的产出和农业可持续性。

其次，气象传感技术的创新应用使得农民能够更好地了解和应对气象变化。高精度的气象传感器可以实时监测大气温湿度、风速、降雨等信息，为农民提供可靠的气象预测和农业气象服务。这有助于农民及时采取措施，减轻自然灾害带来的损失，提高农业生产的抗风险能力。

第三，作物生长传感技术的创新应用通过监测作物的生长状况，提供了更全面的生长数据。光谱传感器、红外线相机等技术可以实时获取作物的光合效率、叶绿素含量等指标，帮助农民了解作物的生理状态。这为精细化的作物管理、病虫害的早期诊断提供了重要的数据支持，提高了作物的产量和质量。

此外，先进农业传感技术在畜牧业也有着重要的应用。通过身体温度、运动轨迹等传感器，畜牧业者可以实时监测牲畜的健康状况和行为习惯，及时发现异常情况并采取相应的措施，提高畜牧业的管理水平和养殖效益。

在农业社会化服务组织中，先进农业传感技术的应用可以为农民提供定制化的服务。通过整合多种传感器的数据，农业社会化服务公司可以为农民提供包括精准农业建议、病虫害防控方案、气象灾害预警等服务，帮助农民更好地管理农田和农作物。

然而，先进农业传感技术的创新应用也面临一些挑战，包括技术成本、数据隐私、标准化等问题。解决这些问题需要不断提高技术水平、加强合作与分享经验，先进农业传感技术的应用才能在农业生产中发挥更大的作用，为农业的可持续发展提供更为科学和可行的路径。

三、农业社会化服务的数字化转型

（一）农业数据采集与分析

农业数据采集与分析在现代农业中起到了至关重要的作用，它涵盖从土壤、气象到作物生长等多个方面的数据，通过采集和分析这些数据，农民和农业社会化服务组织能够做出更科学、准确的农业决策，提高生产效益、减少资源浪费，促进农业可持续发展。

首先，土壤数据采集与分析是农业中的重要环节。通过使用传感器、探测器等设备，农民可以实时监测土壤的湿度、温度、酸碱度等关键参数。这些数据对于合理施肥、灌溉和土壤保护至关重要。分析土壤数据可以帮助农民确定最适宜的农业实践，提高土地的利用效率，减少农业对环境的不良影响。

其次，气象数据采集与分析对农业生产的影响也是不可忽视的。通过气象站、卫星等设备，农民可以获取气象数据，包括气温、湿度、风速、降雨量等。这些数据对于作物的生长周期、病虫害的预防和自然灾害的防范具有重要意义。分析气象数据可以帮助农民更好地制定种植计划、采取农业措施，提高生产的稳定性和抗风险能力。

第三，作物生长数据采集与分析是实现精准农业的关键步骤。通过使用传感器、遥感技术等手段，农民可以实时监测作物的生长状态、光合效率、叶面积指数等关键指标。这些数据对于及时发现作物的生长异常、病虫害情况和施肥需求非常有帮助。分析作物生长数据可以实现精细化的管理，提高作物的产量和品质。

此外，畜牧业中的动物行为数据采集与分析也是一项重要工作。通过使用传感器、监控摄像头等设备，畜牧业者可以实时监测牲畜的饮食、运动、体温等数据。这有助于及时发现牲畜的健康问题、改善饲养管理，提高养殖效益。

在农业社会化服务组织中，数据采集与分析为提供更全面、精准的服务提供了技术支持。这包括通过整合多个农田的数据，为农民提供定制化的农业建议、病虫害防控方案、市场行情预测等服务。通过大数据分析，农业社会化服务组织还可以为政府和企业提供农业发展趋势、市场需求预测等信息，支持决策制定。

总的来说，农业数据采集与分析是现代农业的关键环节，它通过高科技手段为农业决策提供科学依据，提高了农业的精准化管理水平，有助于推动农业向更为智能、高效和可持续的方向发展。

（二）农产品溯源系统的建设

农产品溯源系统的建设是现代农业生产和食品安全管理的一项重要工作。通过建立完善的溯源系统，可以追溯农产品的生产、加工、运输等全过程，提高产品质量，加强食品安全监管，满足消费者对于食品质量和安全的需求。

首先，农产品溯源系统的建设是保障食品安全的重要手段。通过在农产品生产环节加入标识、记录、上传数据等环节，可以实现对农产品从田间到餐桌的全程追溯。一旦发生食品安全问题，可以通过溯源系统精确定位问题所在，迅速采取应对措施，保障公众的食品安全。

其次，农产品溯源系统有助于提高农产品的质量和品牌价值。通过系统记录农产品的生产环节、生长条件、采收和加工等信息，消费者可以通过扫描产品上的溯源码或查询相关平台，了解到产品的生产过程。这种透明的信息传递可以提高消费者对产品质量的信任，有助于农产品建立良好的品牌形象。

第三，农产品溯源系统的建设对于农业生产的精细化管理具有促进作用。通过对每个环节的数据采集和记录，农民可以更加科学地管理农田、施肥、灌溉等生产环节。这有助于提高农产品的产量和品质，实现农业的可持续发展。

此外，农产品溯源系统也为市场监管提供了有效的手段。政府和监管机构可以通过系统对农产品生产和流通环节进行监控，及时发现违法行为和不合规操作。这有助于提高市场秩序，减少假冒伪劣产品的流通，维护市场的公平竞争环境。

在农业社会化服务组织中，农产品溯源系统的建设可以为农民提供更多的服务。这包括为农民提供技术培训，帮助他们更好地运用溯源系统进行生产管理；为农产品提供市场推广服务，提高产品的竞争力。通过建设农产品溯源系统，农业社会化服务组织可以更好地连接农民和市场，促进农业产业链的发展。

然而，农产品溯源系统的建设也面临一些挑战，包括技术标准的制定、信息安全的保障、农民接受程度等问题。解决这些问题需要不断提高技术水平、加强宣传教育，农产品溯源系统才能更好地为现代农业的可持续发展和食品安全提供保障。

（三）农业物联网技术的应用

农业物联网技术的应用正在推动农业向数字化、智能化方向迈进，它通过连接传感器、设备和云平台，实现对农田、作物、畜牧业等多个方面的实时监测和远程管理。这为农业提供了更精准、高效的生产方式，提高了农业资源利用效率，促进了农业现代化的发展。

首先，农业物联网技术在农田管理中发挥了关键作用。通过在农田中布置传感器，可以实时监测土壤湿度、温度、养分含量等关键指标。这些数据通过物联网平台上传至云端，农民可以通过手机或电脑随时随地获取农田的实时情况。这有助于农民更科学地制定灌溉、施肥计划，实现精准农业。

其次，农业物联网技术在作物生长监测中有着广泛的应用。搭载各种传感器和摄像头的设备可以实时监测作物的生长状态、病虫害情况等。通过物联网平台的数据分析，农民可以及时采取防治措施，提高作物产量和质量。这也有助于实现作物生长的数字化管理，为农业社会化服务提供更精准的决策支持。

第三，农业物联网技术在畜牧业的应用也呈现出巨大的潜力。通过在牲畜身上植入传感器或佩戴智能设备，可以实时监测牲畜的健康状态、饮食情况、运动轨迹等数据。这有助于畜牧业者及时发现牲畜的疾病、改善饲养管理，提高养殖效益。农业物联网技术也可以用于实现畜牧业的数字化管理，提高养殖的科学性和可持续性。

此外，农业物联网技术还促进了农产品的溯源体系。通过在生产、加工、运输等环节加入物联网设备，可以实现对农产品全过程的数据采集和记录。这有助于建立更为完善的农产品溯源系统，提高产品的质量和安全可溯性。

在农业社会化服务组织中，农业物联网技术的应用为提供更全面、高效的服务提供了技术支持。通过整合各类物联网设备的数据，农业社会化服务公司可以为农民提供包括农田监测、作物生长预测、畜牧业健康管理等一系列服务，实现更精准的农业社会化服务。

然而，农业物联网技术的广泛应用仍然面临一些挑战，包括数据隐私和安全、设备标准不一、农民接受程度等问题。解决这些问题需要提高农民的科技素养，确保农业物联网技术的可持续发展。综合来看，农业物联网技术的应用为农业提供了更为先进、智能的管理方式，为农业现代化和可持续发展带来了新的机遇。

（四）农业电商平台的数字化服务

农业电商平台的数字化服务是一种通过互联网和先进技术手段，为农业产业链的参与者提供在线购物、信息查询、交易、物流配送等一系列服务的模式。这一数字化服务的推动，不仅促进了农产品的销售，还提高了农业产业的运营效率、拓宽了市场渠道，对农业现代化和可持续发展产生了积极的影响。

首先，农业电商平台的数字化服务提供了便捷的购物体验。通过农业电商平台，消费者可以在任何时间、任何地点方便地购买各类农产品，包括新鲜水果、蔬菜、畜牧产品等。这为城市居民提供了更多元化、高质量的农产品选择，也为农民提供了拓展市场的机会。

其次，农业电商平台通过数字化服务实现了产业链的优化。生产者可以通过平台直接与消费者进行交流，了解市场需求，灵活调整生产计划。农业电商平台还为产业链上下游提供了信息对接、协同合作的机会，提高了生产和销售的协同效率。

第三，农业电商平台数字化服务加强了农产品的品牌建设和宣传。通过在线平台，农产品可以展示更为详细的信息，包括产地、生产过程、质检报告等。这有助于提高产品的透明度，树立品牌形象，吸引更多消费者的关注和信任。

此外，农业电商平台数字化服务还包括在线支付、物流配送等环节的数字化优化。消费者可以通过在线支付便捷完成交易，而物流系统的数字化管理可以提高物流效率，保障产品的新鲜度和安全性。这为农产品的远程销售提供了更为便利的条件，拓宽了农产品的市场范围。

在农业社会化服务组织中，农业电商平台的数字化服务也为农民和合作社提供了更多的机会。这包括通过平台开展农产品直播销售、推动农业品牌的线上推广等服务。农业社会化服务组织可以通过电商平台，为农民提供线上培训、信息分享、市场分析等服务，提高他们的经营水平和市场竞争力。

然而，农业电商平台数字化服务也面临一些挑战，如网络覆盖不足、物流体系不完善、农民数字素养较低等问题。综合而言，农业电商平台的数字化服务在推动农业现代化、提高产业效益和农产品质量上发挥着积极的作用，为农业的可持续发展提供了新的路径。

（五）农业大数据在服务组织中的应用

农业大数据在服务组织中的应用是一种基于庞大而复杂的农业数据集，通过先进的分析和处理技术，为农业社会化服务组织提供更精准、科学的农业决策支持。这一应用涵盖从土壤、气象到作物生长等多个方面的数据，通过深度挖掘这些数据，可以推动农业的数字化、智能化发展。

首先，农业大数据在农田管理中发挥了关键作用。通过收集和分析土壤的湿度、温度、养分含量等数据，农业社会化服务组织可以更准确地制定灌溉、施肥计划。这有助于实现精准农业，提高农田的利用效率，减少资源浪费。

其次，气象数据在农业大数据中的应用也是至关重要的。通过监测气象数据，农业社会化服务组织可以提前了解气象变化，为农民提供气象灾害预警、合理的种植计划等服务。这有助于提高农业生产的抗风险能力，减少自然灾害对农业的不利影响。

第三，作物生长数据的分析是农业大数据中的重要组成部分。通过监测作物的生长状态、光合效率、叶面积指数等指标，农业社会化服务组织可以及时发现作物的生长异常、病虫害情况，提供精准的农业建议，提高作物的产量和质量。

农业大数据还在市场预测和决策支持方面发挥了积极作用。通过对市场需求、价格趋势等方面的数据分析，农业社会化服务组织可以为农民提供市场行情分析、产品定价建议等服务，帮助他们更好地制定销售策略，提高产品的市场竞争力。

此外，农业大数据还为农业社会化服务组织提供了客户管理、精准营销等方面的工具。通过对农民的生产情况、需求等信息进行分析，可以实现更为个性化的服务，提高农民对服务组织的满意度和忠诚度。

在农业社会化服务组织中，农业大数据的应用也促进了农业科研的发展。通过对大规模的农业数据进行挖掘，可以发现一些隐藏在数据中的规律和趋势，为农业科研提供新的思路和方向。

然而，农业大数据的应用也面临一些挑战，包括数据隐私和安全、技术标准不一、农民数字素养等问题。综合来看，农业大数据在服务组织中的应用为农业提供了更为科学、精准的决策支持，推动了农业向数字化、智能化方向迈进，为农业的可持续发展带来了新的机遇。

四、农业社会化服务组织的可持续发展策略

（一）环保可持续发展策略

环保可持续发展策略是在追求经济增长的同时，注重保护环境、提高资源利用效率、实现社会公平的一种发展模式。这一策略旨在平衡经济、社会和环境的关系，以确保当前和未来世代都能享有可持续的生活和发展。下面是对环保可持续发展策略的丰富阐述：

1. 能源转型与绿色能源发展

实现环保可持续发展的首要任务之一是推动能源转型。过度依赖化石燃料会导致环境问题，因此要推动可再生能源的开发和利用，如太阳能、风能、水能等。投资绿色能源项目，减少对传统能源的依赖，不仅有助于降低碳排放，还能促进新兴产业的发展。

2. 循环经济的推动

环保可持续发展策略强调资源的循环利用，即循环经济。通过提倡废物回收、再利用和再生产，减少资源浪费，降低环境污染。发展循环经济不仅可以提高资源利用效率，还有助于创造更多的就业机会和经济增长点。

3. 生态保护与生物多样性

保护自然生态系统和生物多样性是环保可持续发展的核心。通过建立自然保护区、推动生态恢复项目、加强对濒危物种的保护，维护生态平衡。生态保护不仅有助于维持生态系统的健康，还能提供生态服务，如水源涵养、空气净化等。

4. 环境监测与治理

引入先进的环境监测技术，实时监测空气、水质、土壤等环境指标，及时发

现和解决环境问题。同时，强化环境治理，加大对污染源的整治力度，建立健全的环境法律法规和监管机制，确保环境质量得到持续改善。

5. 社会参与与环境教育

环保可持续发展需要社会的广泛参与和支持。通过加强环境教育，提高公众对环保问题的认知水平，培养环保意识。鼓励企业和公民积极参与环保活动，共同推动可持续发展的实现。

6. 可持续城市规划

城市是人类活动的中心，也是环境问题的集中体现地。通过制定科学的城市规划，提倡低碳、节能、绿色的城市建设理念，促使城市发展更加可持续。推动公共交通、城市绿化、徒步出行等环保措施，改善城市环境质量。

7. 国际合作与全球治理

环保可持续发展是全球性的问题，需要各国共同努力。通过国际合作，分享环保经验和技术，共同应对气候变化、跨国污染等全球性环境挑战。强化全球治理体系，促进全球环保责任的共担。

8. 技术创新与绿色产业

推动绿色技术创新是实现环保可持续发展的关键。通过支持绿色产业的发展，培育和推广环保技术，推动生产方式和消费模式的转变，实现经济增长和环境保护的良性循环。

综合来看，环保可持续发展策略是一个系统工程，需要从多个方面入手，采取综合性的措施。只有在经济、社会、环境协同发展的基础上，才能真正实现可持续发展目标，为当前和未来的世代创造更好的生活环境。

（二）社会责任与可持续农业

社会责任与可持续农业的融合体现了在农业经营和发展中同时考虑社会、经济和环境层面的理念。这一综合性的模式旨在创造一个既经济发展又社会公正、环境友好的农业系统。下面是对社会责任与可持续农业的综合阐述：

1. 经济层面的社会责任

在经济层面，社会责任要求农业主体不仅追求自身经济利益，还要关注对农民、从业人员的经济福祉。这包括确保农产品的合理价格，提高农民的收入水平，创造就业机会，促进农村经济的繁荣。社会责任与可持续农业的经济层面追求的是经济效益与社会公平的双赢。

2. 社会公平与社会责任

社会责任要求农业主体关注社会公平和社会正义。在农业从业人员中提供平等、公正的就业机会，关心农村社区的基础设施建设和公共服务，促进社会的和谐发展。这也包括在社区中与当地社区协同合作，共同推动社会发展。

3. 环境保护与环境层面的责任

在环境层面，社会责任与可持续农业要求农业主体采用环保技术和方法，减少对生态环境的负面影响。这包括采用有机农业、节水农业、农业生态系统恢复等手段，以确保农业活动对环境的可持续性，减少对土壤、水资源和生态系统的破坏。

4. 农产品质量与社会责任

社会责任与可持续农业的理念还强调提供高质量、安全的农产品。农业主体需要确保其农产品符合食品安全标准，采取科学的农业生产方式，注重农产品的品质和健康安全。这有助于提高社会对农产品的信任度，维护广大消费者的权益。

5. 社会责任的传递与合作

实现社会责任与可持续农业需要农业主体积极参与合作，与政府、企业、非政府组织等形成合力。这种多方合作可以促进信息共享，共同推动可持续农业实践，实现社会责任的传递和共享。

6. 可持续发展目标的实现

社会责任与可持续农业的综合实践有助于实现联合国可持续发展目标

（SDGs）。这包括消除饥饿、保障食品安全、促进健康生活、实现经济增长等目标。通过社会责任的履行，农业主体可以积极参与实现全球可持续发展的大局。

7. 农业创新与社会责任

社会责任与可持续农业也鼓励农业主体进行创新，采用先进的农业技术、数字化农业管理等手段，提高生产效率的同时，减少对环境的冲击。创新不仅有助于提升农业产值，还能推动整个农业系统向更为可持续的方向发展。

8. 农业教育与社会责任

社会责任与可持续农业的实现也需要加强农业教育。培养农民的环保意识，提高其农业技能，推动农业社会责任观念的树立。通过农业教育，可以使农业从业人员更好地理解并履行社会责任，促进农业的可持续发展。

在可持续农业的实践中，社会责任的综合考虑有助于形成一个更加全面、平衡的农业发展模式。这种综合性的思维不仅有益于农业生产者和从业人员的长期利益，也有助于社会整体的可持续发展。社会责任与可持续农业的结合是迈向更为健康、繁荣和可持续的农业未来的关键。

（三）农业资源的合理利用与再生

农业资源的合理利用与再生是可持续农业发展的核心原则之一，旨在最大限度地减少资源浪费，提高资源利用效率，并通过循环利用手段实现农业系统的可持续性。下面是对农业资源的合理利用与再生的详细阐述：

1. 水资源的合理利用与再生

水是农业中至关重要的资源之一。合理利用水资源包括采用节水灌溉技术，如滴灌、喷灌，以减少水分的浪费。同时，再生水的利用也是其重要的手段，通过处理农业废水，将其净化后用于灌溉，实现水资源的再生利用，减轻对自然水源的依赖。

2. 土壤资源的合理利用与再生

土壤是农业生产的基础，其合理利用与再生涉及土地的保护和肥力的维护。

采用轮作、翻耕、覆盖等农业管理措施，有助于土壤的保持和改良。同时，通过有机肥料、绿肥等手段，实现对土壤养分的再生，提高土壤的生产力。

3. 能源的合理利用与再生

农业生产中需要大量的能源，包括机械能、电力等。合理利用能源包括采用节能农业机械，推广太阳能、风能等清洁能源。此外，再生能源的应用也是一项重要举措，如利用农业废弃物进行生物质能源生产，实现对能源的再生利用，减少对非可再生能源的依赖。

4. 生物多样性的保护与再生

农业生产对生态系统的影响较大，因此保护和再生生物多样性是必要的。通过建立生态恢复区、保护自然栖息地，促进野生植物和动物的繁衍。同时，推动农田生态系统的恢复和多样化种植，有助于提高生态系统的稳定性和抗逆性。

5. 农业废弃物的资源化利用与再生

农业生产中产生的废弃物，如秸秆、畜禽粪便等，可以通过资源化利用实现再生。秸秆可以用于生物质能源的生产，畜禽粪便可以进行有机肥料的生产。这样的再生利用不仅减少了环境污染，还能产生附加值，形成循环经济。

6. 农业技术的创新与再生

创新是推动农业资源合理利用与再生的关键。通过引入现代农业技术，如精准农业、无人机农业，提高资源利用效率。同时，农业科技的不断创新也有助于开发新型农业资源，推动农业系统向更为可持续的方向发展。

7. 农业生产过程中的循环经济

引入循环经济理念是实现农业资源再生的一种途径。通过构建农业产业链的闭环，实现农产品的生产、加工、销售的内部循环，最大限度地减少资源浪费。这包括建立农产品溯源体系、推动农业废弃物的再生利用等。

8. 农业社会责任与可持续农业

农业主体在经营中应当承担社会责任，关注社会公平、农民权益、社区发展等方面。通过合理利用和再生农业资源，农业主体可以推动农村社区的可持续发展，实现经济、社会、环境的三方面协同发展。

综合来看，农业资源的合理利用与再生是可持续农业发展的关键环节。通过科学管理和创新技术的引入，农业系统可以更加高效地利用和再生资源，实现农业的可持续性，同时为未来农业的健康发展奠定基础。

（四）农业社会化服务的社区发展

农业社会化服务的社区发展是一种注重在农村社区中推动农业可持续发展、提高农民生活水平、促进社会经济的综合性理念。通过为农民提供全方位的服务和支持，农业社会化服务不仅带动了农业产业的发展，还对社区的整体发展产生了积极影响。

1. 农业社会化服务对社区经济的推动

通过农业社会化服务，农村社区得以融入现代化的农业产业体系，提高了农产品的附加值。农业社会化服务带动了农产品的深加工、品牌化，推动了农业产业的升级，为社区创造了更多的就业机会，促进了经济的发展。

2. 农业社会化服务对农民收入的提升

农业社会化服务不仅使农民获得更多的农业技术和管理支持，还通过整合产业链，提高了农产品的销售价格。农民参与农业社会化服务项目，获得了更好的市场准入和更有竞争力的产出，从而提升了他们的经济收入水平。

3. 农业社会化服务对农业生产方式的创新：通过引入现代化技术和管理理念，农业社会化服务推动了农业生产方式的创新。例如，推广先进的农业机械化、精准农业技术，提高生产效率。这种创新有助于提升农产品品质，减少资源浪费，促进农业的可持续发展。

4. 农业社会化服务对农村教育与培训的支持

农业社会化服务不仅关注农业生产，还注重提升农民的技能水平和知识素养。通过组织培训课程、开展示范项目，农业社会化服务促使农民学习新的农业知识和管理经验，提高他们的农业生产水平，促进农村教育的发展。

5. 农业社会化服务对社区基础设施的改善

农业社会化服务项目往往伴随着对社区基础设施的改善。为了提高农业产业链的整体效益，需要改善交通、水利、电力等基础设施，从而促进社区基础设施的发展，提高社区的生活质量。

6. 农业社会化服务对农村就业的促进

农业社会化服务的推动带动了农业产业链的发展，创造了更多的就业机会。农民既可以通过直接从事农业生产获得就业，也可以通过参与农业产业链的配套服务、物流、销售等环节找到就业机会，促进农村就业的多元化。

7. 农业社会化服务对社区文化的传承

农业社会化服务强调农村社区的整体发展，也涉及社区文化的传承。通过农业社会化服务项目，促使农村社区重视农业传统知识的传承，同时也鼓励社区在现代农业发展中融入新的文化元素，推动文化的融合与创新。

8. 农业社会化服务对环境可持续性的影响

为了实现农业社会化服务，采用的现代农业技术往往注重环境友好型的生产方式。这包括有机农业、生态农业等，通过减少农业化学物质的使用，保护土壤和水资源，有利于社区环境的可持续性。

9. 农业社会化服务对社会和谐的促进

农业社会化服务通过整合社区资源、促进社区各方面的协同发展，有助于增强社区内的合作与共享意识。社区成员在共同参与农业社会化服务项目的过程中，建立了更为密切的合作关系，促进了社会的和谐发展。

10. 农业社会化服务对农民参与决策的激励

通过农业社会化服务，农民更容易参与到农业产业链的决策过程中。这种参与不仅提高了农民对产业链的认同感，还激发了他们更积极地参与社区事务，促进了农村自治的建设。

11. 农业社会化服务对社会资本的引入

为了实现农业社会化服务，通常需要引入社会资本，包括政府、企业、非营利组织等。这些社会资本的介入为社区提供了更多的资源和支持，推动了农业社会化服务项目的顺利进行，促进了社区整体发展。

12. 农业社会化服务对社区品牌的打造

农业社会化服务项目有助于形成具有特色的农产品品牌，提高了社区农产品的市场竞争力。通过品牌推广，社区不仅能够吸引更多的消费者，还有可能带动当地旅游业的发展，增加社区的知名度和影响力。

13. 农业社会化服务对社区居民生活质量的提升

农业社会化服务通过推动农业产业发展、改善基础设施、提高农民收入等途径，有助于提升社区居民的生活质量。农民可以享受到更好的教育、医疗、文化娱乐等社会服务，增加社区居民的福祉感。

14. 农业社会化服务对社区可持续发展的推动

农业社会化服务是社区可持续发展的推动力量。通过综合性服务，整合社区资源，提升社区整体素质，实现了农业、经济、社会、环境的协同发展，为社区创造了更为可持续的发展路径。

总体而言，农业社会化服务的社区发展旨在实现全方位的农业可持续发展和社区整体繁荣。通过各方面的努力，社区在农业社会化服务的引领下能够更好地适应现代社会发展的需求，提高农民生活水平，促进社会和谐与稳定。这种综合性的服务理念为农村社区带来了更为可持续的未来。

（五）农业服务组织的可持续经济模式

农业服务组织的可持续经济模式是在农业服务领域寻求经济发展和社会可持续性的一种模式。这种模式旨在实现农业产业链的协同发展，提高农业生产效益，同时保护环境和促进社会公正。下面是对农业服务组织可持续经济模式的综合阐述。

1. 经济模式的整合与创新

可持续经济模式的核心在于整合各个环节，通过创新农业服务组织的经营方式。这包括整合产业链，实现农业服务的全方位覆盖，同时引入创新技术和管理理念，提高生产效率，减少资源浪费。

2. 全产业链的协同发展

可持续经济模式强调全产业链的协同发展，从农业生产、加工、销售一直到农产品的最终消费。通过建立紧密的产业链合作关系，确保各个环节的高效协同，实现从农田到餐桌的可持续链条。

3. 资源优化和循环利用

可持续经济模式注重资源的优化利用和循环利用。通过推动农业废弃物的资源化利用，采用循环经济的理念，将废弃物转化为资源，最大限度地减少浪费，实现资源的可持续利用。

4. 农业技术的智能化和数字化

可持续经济模式倡导农业技术的智能化和数字化应用。引入先进的农业科技，如精准农业、物联网、人工智能等，提高生产效率，降低能耗，促进农业的数字化转型。

5. 农产品品质和品牌建设

可持续经济模式注重提高农产品的品质，通过规范化生产和品牌建设，使农产品具有更高的附加值。这有助于拓展市场份额，提高农产品的竞争力，为农业服务组织创造更为可持续的经济收益。

6. 农业金融与保险服务

可持续经济模式包括完善的农业金融和保险服务。为农业生产提供融资支持，通过金融手段降低农业生产的风险。农业保险的建立也有助于提高农业服务组织的可持续性，确保在自然灾害等不可抗因素的影响下农业生产的稳定性。

7. 农业生态环境保护

可持续经济模式强调农业生产与生态环境的协同发展。通过采用有机农业、生态农业等环保方式，保护农田生态系统，减少对土壤和水资源的污染，实现农业生产与环境的良性循环。

8. 农业社会责任的履行

可持续经济模式鼓励农业服务组织履行社会责任。关注农民权益，提高农民收入水平，为农村社区提供基础设施建设和社会服务，通过积极参与社会发展，推动社会公平和农村社区的整体进步。农业服务组织在可持续经济模式中的社会责任履行，不仅有助于构建和谐社会，也提升了组织在社区中的声誉和影响力。

9. 农村社区的整体发展

可持续经济模式旨在实现农村社区的整体发展，而非仅仅关注农业本身。通过综合性的服务，包括农业、教育、医疗、文化等方面，提升了农村社区的整体生活水平。这有助于缩小城乡差距，促进农村社区的可持续繁荣。

10. 农业科技创新与可持续性

可持续经济模式强调农业科技的创新。通过不断引入先进的农业科技，推动科研成果的应用，提高农业生产效率，降低资源消耗，实现农业的可持续性发展。农业科技创新是可持续经济模式的关键支撑。

11. 农业服务组织的合作与联盟

为推动可持续经济模式的实施，农业服务组织之间建立合作与联盟是必要的。共享资源、信息和经验，形成联合力量，推动整个农业服务领域的可持续发展。这种协同合作有助于优化资源配置，提高服务效能。

12. 农业服务组织的人才培养

为了适应可持续经济模式的发展，农业服务组织需要培养专业人才，包括农业技术专家、经济管理人员、市场营销专业人才等。具备跨领域知识和技能的人才队伍是推动可持续经济模式的重要保障。

13. 市场导向与农产品多元化

可持续经济模式强调市场导向，通过深入了解市场需求，调整农产品结构，实现农产品的多元化。通过培育特色农产品、推动地方品牌，提高产品附加值，使农业服务组织更具市场竞争力。

14. 政策支持与产业扶持

可持续经济模式的实施需要政策的支持。政府可以通过制定支持农业可持续发展的政策，提供财政和税收激励，推动农业服务组织的可持续经济模式的发展。政策扶持有助于形成良好的经济环境。

15. 国际合作与全球视野

可持续经济模式也需要具有全球视野的农业服务组织。通过国际合作，吸收国际先进经验，推动技术和管理的创新，加强对全球农业可持续发展趋势的了解，提高组织的国际竞争力。

在可持续经济模式的指导下，农业服务组织通过整合资源、创新经营方式，旨在实现经济效益、社会公正和环境友好的综合目标。这种模式的成功实施将有助于塑造一个更加繁荣、可持续的农业未来。

五、创新管理模式在农业社会化服务中的实践

（一）创新型领导与组织文化

在农业社会化服务中，创新管理模式发挥着重要的作用，其中创新型领导与组织文化是推动创新的核心。下面是对创新型领导与组织文化在农业社会化服务实践中的综合阐述。

1. 创新型领导的角色

创新型领导在农业社会化服务中扮演着关键的角色。这种领导风格注重激发团队成员的创造性思维，鼓励他们提出新的观点和解决方案。在服务组织中，领

导者需要具备对新技术、新方法的开放态度，能够引领团队适应变革，促进服务模式的创新。

2. 领导者的创新意识

创新型领导者具备敏锐的创新意识，能够发现行业内的新趋势、新技术，并将其引入农业社会化服务中。他们关注市场的变化，了解客户需求，从而指导组织进行相应的创新。通过积极参与行业研讨会、培训，领导者保持对前沿知识的了解，为组织的创新提供动力。

3. 鼓励团队创造力

创新型领导鼓励团队成员展现创造力。在农业社会化服务中，这意味着组织中的各个层级都被鼓励提出改进建议、尝试新的服务方式。通过设立创新奖励机制、组织内部创新大赛等方式，激发员工的创造性思维，为服务模式的创新提供更多的可能性。

4. 促进跨界合作

创新型领导者鼓励跨界合作，将不同领域的知识和资源整合到农业社会化服务中。这可能包括与科技公司、研究机构、政府部门等合作，共同探索农业领域的创新解决方案。通过建立战略性合作关系，服务组织能够更好地借鉴其他行业的先进经验，推动农业社会化服务的创新。

5. 打破传统边界

创新型领导者不拘泥于传统边界，能够打破组织内部的沟通壁垒，促使不同部门之间的信息流通。在农业社会化服务中，这意味着领导者需要鼓励农业专业人员、技术人员、市场人员之间的密切合作，共同推动服务模式的创新。

6. 重视员工发展

创新型领导注重员工的发展和培养。他们支持员工参与培训、学习新知识，以适应不断变化的农业环境。通过建立良好的学习氛围，领导者能够培养出更具创新意识和能力的团队，为农业社会化服务的创新提供更有力的支持。

7. 创新型组织文化的构建

创新型组织文化是创新管理的重要基础。在农业社会化服务中，组织文化需要鼓励员工敢于尝试新方法，容忍失败，推崇创新的精神。通过制定明确的组织价值观、强调团队协作和共享经验，领导者塑造出支持创新的文化氛围。

8. 开放的沟通渠道

创新型组织文化需要建立开放的沟通渠道，使信息能够自由流通。领导者可以通过定期的团队会议、创新沙龙、在线平台等方式，促进员工之间的交流和合作。开放的沟通有助于集思广益，激发创新思维。

9. 鼓励自主创新

创新型组织文化强调自主创新，即鼓励员工在工作中提出新的想法、改进服务流程、寻找创新的解决方案。领导者可以设立专门的创新项目组，鼓励员工主动参与，推动自主创新的发生。通过奖励与认可制度，激发员工的积极性，使他们更愿意为农业社会化服务的创新贡献自己的智慧和努力。

10. 管理层示范创新精神

创新型组织文化需要由管理层示范创新精神。领导者要在实践中展示对新观念的接受和对新方法的尝试。管理层的开明态度和对创新的支持，能够影响整个组织的氛围，鼓励员工跟随领导者的步伐，敢于迎接新的挑战。

11. 适应不断变化的市场

创新型组织文化强调对市场变化的敏感性和适应能力。领导者需要引导组织关注农业市场的动向，快速响应市场变化，及时调整服务策略。这种灵活性和敏捷性有助于服务组织更好地适应不断变化的市场需求。

12. 创新型领导与文化的共同推动

创新型领导与组织文化之间形成一种相互推动的关系。领导者的行为和决策影响着组织文化的形成，而创新型组织文化也为领导者提供了支持和认同。这种相互作用促使整个服务组织更好地适应变革，实现创新管理模式在农业社会化服务中的成功实践。

在农业社会化服务中，创新管理模式的实践需要创新型领导与组织文化的共同推动。领导者通过引领团队创新、促进跨界合作、重视员工发展等方式，塑造了创新型领导的形象；而开放的沟通、鼓励自主创新、适应市场变化等元素构建了创新型组织文化。这两者相互交融、相互促进，为农业社会化服务带来了更加灵活、适应性强、富有创造力的管理模式。通过不断强调创新、培养创新文化，农业社会化服务组织能够更好地满足农民需求，推动农业产业的可持续发展。

（二）敏捷管理在农业服务中的应用

敏捷管理是一种以适应变化、快速响应客户需求为核心的管理方法，它在农业服务领域的应用为提高农业服务的效率、灵活性和客户满意度提供了新的思路。下面是对敏捷管理在农业服务中应用的综合阐述。

1. 弹性的服务规划

敏捷管理强调灵活的服务规划，使农业服务组织能够更快速地适应市场变化和客户需求的变动。通过采用敏捷的规划方法，农业服务组织可以更加弹性地调整生产计划、服务方案，确保在不同情境下都能提供高效的服务。

2. 高度参与的团队合作

敏捷管理注重建立高度参与的团队合作模式。在农业服务中，这意味着农业专业人员、技术人员、市场人员等不同领域的团队成员密切协作，共同应对农业生产的挑战。敏捷的团队合作能够更好地整合各方资源，提高服务响应速度。

3. 周期性的快速迭代

敏捷管理强调周期性的快速迭代，通过短周期内的小步迭代不断改进服务和产品。在农业服务中，可以通过快速试验新的农业技术、服务方式，获取实时反馈，及时调整和改进服务模式。这种快速迭代有助于服务的持续优化和创新。

4. 客户导向的服务设计

敏捷管理以客户满意度为导向，注重深入了解客户需求，并通过灵活的服务设计满足客户的期望。在农业服务中，这意味着农业服务组织需要与农民保持紧密沟通，了解他们的需求和反馈，以便及时调整服务方案，提供更符合实际情况的服务。

5. 风险管理和迅速应对变化

敏捷管理注重风险管理，通过早期识别风险、迅速调整计划，降低服务项目失败的风险。在农业服务中，可能面临的风险包括天气变化、病虫害等，敏捷管理能够帮助农业服务组织更好地应对这些突发变化，降低不确定性。

6. 及时的信息流通

敏捷管理强调及时的信息流通，确保团队成员之间的有效沟通和协作。在农业服务中，这有助于及时传递农田状况、市场需求等信息，使农业专业人员、技术人员能够更加迅速地做出相应决策和调整服务策略。

7. 反馈机制的建立

敏捷管理通过建立有效的反馈机制，鼓励团队成员和客户提供实时反馈。在农业服务中，建立农民反馈渠道，收集关于服务质量、技术效果的信息，有助于及时调整服务方案，提高服务的质量和效果。

8. 灵活的资源配置

敏捷管理支持灵活的资源配置，根据需求动态调整团队和资源分配。在农业服务中，这意味着能够根据季节性需求、不同地区的差异等因素，灵活配置人力、技术和物资资源，提高资源利用效率。

9. 持续学习和提升

敏捷管理强调持续学习和不断提升。在农业服务中，这意味着农业专业人员需要不断更新农业知识、了解新技术，以适应农业领域的不断发展。通过培训和知识分享，团队成员能够更好地适应变化的农业环境。

10. 敏捷管理工具的应用

敏捷管理通常借助一系列工具和方法，如看板、冲刺计划、迭代开发等。在农业服务中，可以引入这些敏捷管理工具，帮助团队更好地组织和管理农业服务项目。例如，采用看板管理可以直观地展示项目进展和任务分配，冲刺计划可以帮助团队在有限时间内完成重要任务，迭代开发可以通过不断调整服务方案来适应变化的需求。

11. 敏捷合作伙伴关系

敏捷管理鼓励建立灵活的合作伙伴关系，以满足快速变化的需求。在农业服务中，这意味着与农业技术公司、研究机构、市场渠道等建立紧密的合作关系。通过敏捷的合作伙伴网络，农业服务组织可以更灵活地获取技术支持、市场信息和资源共享。

12. 敏捷决策流程

敏捷管理强调迅速的决策流程，避免烦琐的层级决策。在农业服务中，这意味着通过扁平化的组织结构和迅速的决策流程，能够更及时地作出对服务方案的调整。快速的决策流程有助于更灵活地应对农业领域的变化。

13. 成本控制与效益评估

敏捷管理强调在有限的资源下实现最大的效益。在农业服务中，通过敏捷的成本控制方法，可以更精细地评估服务项目的成本与效益。及时的效益评估有助于优化资源配置，确保服务项目的经济效益。

14. 敏捷的数字化转型

敏捷管理借助数字化技术进行信息化和智能化的转型。在农业服务中，数字化工具可以用于监测农田状况、实时采集数据、进行农业科技研究等。通过数字化转型，农业服务组织可以更加精准地了解农业生产情况，提高决策的准确性。

15. 持续改进与学习文化

敏捷管理倡导持续改进和学习文化。在农业服务中，这意味着建立一个鼓励团队成员不断学习和改进的文化氛围。通过定期的回顾会议、经验分享，团队能够总结经验教训，不断提高服务水平。

综合来看，敏捷管理在农业服务中的应用为提高服务效率、适应市场变化、满足客户需求提供了强大的工具和方法。通过灵活的服务规划、客户导向的服务设计、持续学习和改进等实践，农业服务组织能够更好地应对不断变化的农业环境，提升服务水平，实现可持续发展。

（三）开放创新与伙伴关系管理

开放创新与伙伴关系管理在农业服务领域的实践是推动农业社会化服务创新的关键。这一战略性方法强调通过与不同领域的合作伙伴开展创新合作，实现资源共享、知识交流和共同创新。下面是对开放创新与伙伴关系管理在农业服务中的丰富阐述。

1. 开放创新的核心理念

开放创新强调创新不仅仅来自内部，更依赖于外部伙伴的知识、技术和资源。在农业服务中，开放创新的核心理念是通过与农业技术公司、研究机构、政府部门等广泛合作，获取来自外部的创新动力，促进农业服务模式的升级和改进。

2. 多元伙伴关系的建立

开放创新意味着与多元化的伙伴建立紧密的关系。农业服务组织可以与农业科研机构合作，共同推动农业技术的研发；与农业企业合作，实现农产品的产业化和市场化；与政府部门合作，共同制定政策，提升农业服务的整体水平。多元伙伴关系的建立有助于形成更全面、综合的创新网络。

3. 共享资源与知识

开放创新鼓励共享资源和知识。在农业服务中，这包括共享农业技术、科研成果、市场信息等。农业服务组织可以通过与合作伙伴建立开放的知识平台，促进各方的资源共享，提高整个农业生态系统的创新能力。

4. 跨界合作的优势

开放创新的优势在于跨足不同领域的合作。农业服务组织可以与科技公司、金融机构、社会组织等跨界合作，将不同领域的专业知识、技术和资源融合，创造出更具创新性的农业服务解决方案。跨界合作能够带来新的视角和思维方式，推动农业服务的全面升级。

5. 开放数据与数字化创新

开放创新涉及开放数据的共享与利用。在农业服务中，数字化创新是一个重要方向，通过开放农业数据，各方能够更好地了解农业生产情况、市场需求等信息。数字化创新还包括农业物联网、大数据分析等技术的应用，为农业服务提供更精准、智能的解决方案。

6. 共同研发与试验

开放创新鼓励共同研发和试验。农业服务组织与合作伙伴可以共同投入资源进行新服务模式的研发和实验。通过联合研究项目，各方能够共同探索农业领域的前沿技术，加速创新成果的转化。

7. 创新生态系统的构建

开放创新倡导构建创新生态系统，形成有机的创新网络。在农业服务中，这意味着农业服务组织需要积极参与行业协会、创新平台等组织，共同推动整个农业服务行业的创新发展。创新生态系统的构建有助于形成更大规模的合作力量，推动农业服务的全面升级。

8. 长期战略合作

开放创新需要建立长期战略合作关系。农业服务组织与伙伴之间建立长期合作，共同制定战略目标和规划。这种长期战略合作关系有助于建立信任，提高合作效率，形成可持续的创新合作模式。通过与伙伴共同制定战略愿景，农业服务组织能够更好地把握行业发展方向，实现创新成果的可持续应用。

9. 开放创新与社会责任

开放创新需要将社会责任纳入考虑。在农业服务中，这意味着农业服务组织与合作伙伴建立起互利共赢的合作关系，同时关注社会和环境的可持续发展。通过开展社会责任项目，农业服务组织能够在创新的同时履行社会义务，推动农业社会化服务的可持续发展。

10. 创新文化的培育

开放创新需要在组织内培育创新文化。农业服务组织要鼓励员工对新想法的接受和实践，倡导勇于尝试、乐于分享的工作氛围。通过开设创新培训、设立创新奖励机制等手段，培养员工的创新意识，推动创新文化的蓬勃发展。

11. 技术与管理创新的融合

开放创新需要技术和管理的双重创新。在农业服务中，不仅要关注农业技术的创新，还要注重管理模式和服务流程的创新。通过技术和管理的融合，农业服务组织能够实现全面的创新，提高服务水平和效率。

12. 开放创新与市场导向

开放创新需要紧密关注市场需求。农业服务组织与伙伴的创新合作应紧密围绕市场导向，充分了解农民和市场的需求。通过与市场敏感的伙伴合作，农业服务组织能够更好地制定创新战略，满足市场的实际需求。

13. 全球化的合作与开放

开放创新不仅局限于国内范围，还需关注全球化的合作。农业服务组织可以与国际合作伙伴开展全球性创新合作，分享国际先进经验和技术，推动农业服务领域的全球创新发展。

14. 开放创新与新兴技术的融合

开放创新需要与新兴技术的融合。在农业服务中，新兴技术如人工智能、区块链、生物技术等的应用，能够为农业社会化服务带来更多创新可能。通过与新兴技术公司的合作，农业服务组织能够更好地利用新技术推动创新。

15. 教育与培训的重视

开放创新需要重视员工的教育与培训。在农业服务组织中，为员工提供相关培训，使其能够更好地理解新技术、新服务模式，提高创新应用的能力。通过持续的教育与培训，农业服务组织能够培养更具创新力的团队。

开放创新与伙伴关系管理在农业服务中扮演着推动创新的重要角色。通过与多元伙伴建立紧密关系、共享资源与知识、跨界合作等实践，农业服务组织能够更好地应对不断变化的农业环境，提升服务水平，实现可持续发展。这种开放的创新模式将为农业社会化服务带来更多可能性，推动整个农业产业向更高水平迈进。

（四）农业社会化服务的项目管理创新

农业社会化服务的项目管理创新是为了提高服务项目的执行效率、降低风险、满足农民需求而采取的一系列创新性管理策略和方法。下面是对农业社会化服务项目管理创新的丰富阐述。

1. 敏捷项目管理

采用敏捷项目管理方法，将项目划分为短周期的迭代阶段，每个迭代周期内集中精力完成一部分项目任务。这种方法可以更灵活地应对农业生产的季节性和市场变化，提高项目的适应性和响应速度。

2. 创新的任务分配模式

采用创新的任务分配模式，通过对团队成员的技能、兴趣和经验进行综合评估，合理分配任务，确保每个成员都能充分发挥自己的优势。这有助于提高团队的整体效能，推动项目的高效推进。

3. 数据驱动的决策

引入数据驱动的决策方法，通过采集和分析农业数据，为项目管理提供更精准的信息支持。数据分析可以用于项目进度监控、风险评估以及决策优化，从而提高项目管理的科学性和决策的准确性。

4. 创新的项目沟通机制

建立创新的项目沟通机制，采用即时通信工具、在线协作平台等，促进团队成员之间的实时沟通和信息共享。这有助于减少沟通阻碍，提高沟通效率，确保项目信息及时传递到位。

5. 农民参与式项目管理

推动农民参与式的项目管理，将农民纳入项目决策和执行的过程中。通过开展农民参与的座谈会、问卷调查等形式，获取农民的需求和反馈，以确保项目更贴近实际需求，提高项目的可持续性。

6. 利用先进技术支持

引入先进的技术支持，如人工智能、物联网、农业大数据等，应用于项目管理。这些技术可以提供精准的农业信息，辅助项目决策，优化资源配置，提高项目管理的智能化水平。

7. 灵活的资源管理

采用灵活的资源管理方法，通过动态调整项目资源的配置，满足项目不同阶段的需求。灵活的资源管理有助于降低成本，提高资源利用率，确保项目的可持续性发展。

8. 风险管理与预警机制

建立全面的风险管理与预警机制，通过对项目中可能出现的风险进行提前识别和评估，制定有效的风险应对策略。这有助于降低项目失败的概率，确保项目的顺利实施。

9. 制定农业生产计划

制定详细的农业生产计划，包括种植季节、农业技术应用、施肥浇水等方面的详细安排。这有助于提前预知农业生产的关键节点，合理安排项目工作，确保项目按计划推进。

10. 合理设置农业指标与评估体系

建立合理的农业指标与评估体系，明确项目的目标和评估标准。通过科学的评估体系，可以更好地监控项目的进展情况，及时调整项目方案，提高项目的整体执行效能。

11. 制定项目绩效考核制度

建立创新的项目绩效考核制度，对团队成员进行定期考核，并采用奖惩机制激励团队成员更好地完成任务。良好的绩效考核制度有助于提高团队的执行力，推动项目按时完成。

12. 社会化媒体的运用

充分利用社会化媒体，通过建立项目的社交媒体平台，进行宣传和互动。社会化媒体的运用可以增强项目的曝光度，吸引更多关注，提高项目的社会影响力。

13. 持续的培训与技能提升

为团队成员提供持续的培训和技能提升机会，确保团队始终保持专业素养和创新能力。通过不断学习和提升，团队成员能够更好地适应农业服务的发展变化，推动项目管理水平的不断提高。

14. 强化项目伦理与社会责任

在项目管理中强化伦理和社会责任观念，确保项目的实施过程中不仅考虑经济效益，还要关注社会和环境的可持续发展。通过强化项目伦理和社会责任观念，农业社会化服务项目能够更好地符合社会期望，建立起可信赖的形象，增强项目的可持续性和社会接受度。

15. 项目成果的监测与评估

建立项目成果的监测与评估机制，通过对项目执行过程和成果的定期评估，及时了解项目的效果和问题，并采取相应措施进行调整。这有助于项目的动态管理，确保项目取得可持续的效益。

16. 农业社会化服务创新平台

创建农业社会化服务创新平台，集结各方资源，促进项目管理经验的交流与分享。这样的平台有助于项目管理者学习借鉴其他成功项目的经验，推动整个农业社会化服务领域的共同进步。

17. 队伍建设与激励机制

通过建立良好的队伍建设和激励机制，激发团队成员的工作热情和创新潜力。包括提供培训机会、晋升通道、项目绩效奖励等，以确保团队的凝聚力和执行力。

18. 灵活的项目资金管理

制定灵活的项目资金管理方案，确保项目在经济上的可持续性。这包括项目预算的合理设定，灵活运用资金，及时调整资源配置以适应项目的实际需求。

19. 智能化决策支持系统

引入智能化决策支持系统，通过人工智能算法分析大数据，为项目管理者提供智能化的决策支持。这有助于在复杂的农业服务环境中做出更为准确和科学的决策。

20. 持续改进和学习文化

倡导持续改进和学习文化，使项目团队形成不断优化和提高的习惯。通过定期的项目回顾、经验总结，不断优化项目管理流程，提高项目管理水平。

农业社会化服务项目管理创新涉及多个方面，包括方法论、技术手段、团队协作等。通过引入敏捷项目管理、数据驱动决策、农民参与、社会化媒体运用等创新策略，农业社会化服务项目能够更好地适应快速变化的农业环境，提高项目执行效率，实现更为可持续的社会化服务。这些创新不仅有助于提高项目的成功率，还有助于推动整个农业社会化服务领域的不断进步。

（五）人才培养与创新管理

在农业社会化服务领域，人才培养与创新管理是推动行业发展的重要支撑。

下面是对人才培养与创新管理的丰富阐述。

1. 人才培养的战略规划

制定人才培养的战略规划，明确未来农业社会化服务领域所需的人才素质和技能。根据行业发展趋势，培养具备创新意识、农业科技背景、团队协作等能力的专业人才。

2. 多元化培养途径

采用多元化的培养途径，包括学术培养、职业培训、实践经验等。通过合作高校、培训机构、农业企业等途径，建立多层次、多领域的人才培养渠道，满足不同层次、不同领域的需求。

3. 实践导向的培养模式

推崇实践导向的培养模式，注重学生、培训人员在实际项目中的实际操作和经验积累。这有助于培养更具实际操作能力的人才，提高其在农业社会化服务项目中的适应性和创新能力。

4. 产学研结合的创新教育

促进产学研结合，建立农业社会化服务的创新教育体系。通过与农业企业、研究机构的合作，将实际项目和科研成果纳入教育体系，提升学生的实际应用能力。

5. 制定职业发展路径

制定明确的职业发展路径，为从业人员提供清晰的职业发展方向。这有助于激发人才的积极性，使其在农业社会化服务领域更有目标地发展自己的职业生涯。

6. 创新管理的人才需求分析

进行创新管理的人才需求分析，了解农业社会化服务项目管理中所需的专业人才。根据实际需求，有针对性地培养和引进创新管理领域的人才，确保项目管理队伍的专业化和高效性。

7. 创新思维与团队合作

注重培养创新思维和团队合作精神。在人才培养中，强调创新思维、解决问题的能力以及在多元团队中协同合作的能力。这有助于培养具备创新精神和团队协作能力的人才。

8. 持续学习与更新知识

倡导持续学习和更新知识的理念，鼓励从业人员参与各类培训和学术研讨。农业社会化服务领域快速发展，持续学习有助于人才保持对新技术、新理念的敏感性，保持竞争力。

9. 制定人才激励机制

建立激励机制，包括薪酬激励、职业晋升、项目成果奖励等。通过明确的激励机制，吸引更多高素质的人才加入农业社会化服务领域，保持团队的活力。

10. 制定创新管理的人才评价标准

制定创新管理的人才评价标准，综合考核人才在项目管理、创新能力、团队协作等方面的表现。通过科学的评价标准，激发人才的积极性和创造力。

11. 国际交流与合作

鼓励国际交流与合作，培养具备国际视野的人才。通过参与国际项目、学术交流等方式，提高人才的国际竞争力，促进农业社会化服务领域的国际合作与经验分享。

12. 创新管理团队建设

建设专业的创新管理团队，团队成员要具备跨学科的背景，包括农业科学、经济管理、信息技术等领域的专业知识。团队协作和交流是创新管理团队建设的关键，通过多样性的团队组成，促进创新思维的碰撞和交流。

13. 创新领导力培养

培养创新领导力，鼓励领导者具备前瞻性、战略性和激励团队创新的能力。创新领导者应该能够引领团队从不同角度思考问题，鼓励团队成员提出创新性的解决方案，并推动这些方案的实施。

14. 创新文化的倡导

倡导创新文化，使创新成为组织的核心价值观。创新文化要注重鼓励员工提出新观点、尝试新方法，鼓励从失败中吸取教训并不断改进。通过创新文化的建设，推动组织形成积极向上的创新氛围。

15. 制订人才流动计划

制订人才流动计划，通过组织内的人才流动，使员工能够更广泛地接触到不同领域的工作。这有助于激发员工的创新灵感，提高他们在多个领域的综合能力。

16. 创新教育培训体系

建立创新教育培训体系，包括内部培训、外部培训、在线学习等多种形式。通过培训提高员工的创新意识、解决问题的能力，并提供实际案例和项目经验的分享，促进员工在实践中不断成长。

17. 制订创新项目孵化计划

设立创新项目孵化计划，鼓励员工提出创新项目并提供支持。通过孵化计划，可以培养更多的创新团队和项目，推动农业社会化服务的不断创新。

18. 引进外部创新团队

引进外部创新团队，通过与外部专业机构、创业团队的合作，获取更多的创新思路和经验。这有助于引入新鲜的思维和创新技术，推动农业社会化服务领域的前沿发展。

19. 制定创新项目评估标准

建立创新项目评估标准，对各类创新项目进行全面评估。通过科学的评估，发现项目中的问题和不足，并为项目提供改进和优化的建议，确保项目的可持续创新发展。

20. 人才共享与流动平台

建设人才共享与流动平台，促进不同团队、企业之间的人才共享与流动。这有助于激发人才的创新潜力，推动农业社会化服务领域形成更为活跃的人才生态系统。

通过综合考虑人才培养与创新管理，农业社会化服务领域可以培养更具创新能力的专业人才，搭建更为创新的管理体系，从而推动整个行业实现可持续创新发展。

第七章　现代农业发展支撑体系构建

第一节　农业科技支撑体系

一、农业科技研发机构

（一）农业科研院所

农业科研院所在现代农业发展中扮演着关键的角色。这些机构致力于农业科技的研发，推动农业现代化进程。一些典型的农业科研院所包括：

中国农业科学院；

农业部农业科学院；

地方性农业科研院所（各省市级）。

这些院所通过开展前沿研究、技术创新和示范推广，为提高农业生产效益、保障粮食安全等方面做出了重要贡献。

（二）大学农业科技研发中心

大学在农业科技领域也发挥着重要作用。各大学设立农业科技研发中心，通过教学与科研相结合，培养农业科技人才，并开展前沿研究。这些中心通常与农业科研院所、企业等建立合作关系，推动科研成果的应用。

（三）科技企业与农业科技创新

科技企业在农业科技创新中发挥着创造性的作用。它们通过引入先进技术、研发新型农业产品，推动了农业的现代化和可持续发展。一些科技企业专注于农业机械、生物技术、信息技术等领域，为农业提供更智能、高效的解决方案。

综上所述，这些企业与农业科研机构、大学等形成产学研合作，共同推动农业科技的创新与应用。它们是农业科技支撑体系的主要组成部分，各个方面的合作与创新为现代农业的可持续发展提供了坚实的基础。

二、科技创新平台建设

（一）农业科技园区建设

农业科技园区建设旨在促进创新和合作，推动农业科技的应用和发展。农业科技园区建设涉及的主要方面有：

农业科技园区建设需要科学规划，确保有足够的基础设施和资源支持创新活动。这其中包括实验室、办公空间、会议设施等。

科研机构和企业入驻园区，形成合作与共享的格局。这有助于促成不同领域的专业知识交流，推动科技成果的转化。

提供创新服务和支持措施，如技术咨询、资金支持、法律援助等，以帮助创新者克服困难，加速科技创新的过程。

（二）科技合作与联盟

科技合作与联盟是通过组织不同机构间的合作关系，加速科技创新的一种方式。科技合作与联盟主要涉及以下方面：

资源整合与信息共享，以及分享信息，实现互补优势，提高研究和创新效率。

共同研发项目，成员机构可以共同发起、策划和实施研发项目，推动前沿科技的突破。

建立合作交流平台，促进成员间的定期交流与合作，以促进创新生态的形成。

（三）农业科技示范基地

农业科技示范基地的建设旨在将科技成果转化为实际生产力。农业科技示范基地主要涉及以下方面：

先进技术的应用与演示，在基地展示和演示最新的农业技术，包括种植、养殖、管理等方面的创新。

农业技术的推广与培训，向农民和从业人员推广应用新技术，并提供相关培训，以确保技术能够被广泛采纳。

实地示范效果的监测与评估，对示范效果进行实地监测与评估，为科技成果的优化和推广提供数据支持。

三、农业科技成果转化

（一）科技成果推广与应用

科技成果的推广与应用是将研究成果转化为实际生产力，推动农业现代化的关键步骤。科技成果推广与应用主要包括：

技术推广与培训：将先进的农业技术向农民推广，并提供相关培训，以确保这些技术被广泛应用于实际生产中。

示范效果展示：在农业示范基地等场所，展示科技成果的应用效果，让农民亲身体验并了解新技术的好处。

信息宣传：利用多种渠道，包括媒体、网络等，进行科技成果的信息宣传，提高农民对新技术的认知度。

（二）科技成果转让与产业化

科技成果的转让与产业化是将研究成果商业化，形成产业链，为农业经济的提升做出贡献。科技成果转让与产业化主要涉及：

技术转让：将研究机构或企业的技术成果转让给其他合作方，以推动技术在更广泛范围内的应用。

产业化推进：将科技成果与现有产业相结合，推动新技术在农业生产中的大规模应用，促进农业产业的现代化。

商业合作：与企业建立合作关系，共同推进科技成果的商业化，形成利益共享机制。

（三）农业科技创业与创新孵化

鼓励农业科技创业和创新孵化是培育农业科技企业，推动农业科技的创新和商业化的有效途径。农业科技创业与创新孵化主要包括：

创业支持：提供创业者所需的支持，包括资金、导师指导、创业空间等，鼓励更多人投身农业科技创新。

孵化平台：设立农业科技创新孵化平台，提供资源整合、技术支持等服务，帮助初创企业更好地发展。

政策扶持：制定政策，提供税收、贷款等方面的扶持，激励农业科技创新和创业。

四、农业信息化发展

（一）农业大数据应用

农业大数据应用是通过收集、分析和利用大规模的农业数据来提高农业生产效益和决策水平。农业大数据应用主要包括：

数据采集与整合：通过各类传感器、遥感技术等手段，采集农业生产过程中的各类数据，包括土壤信息、气象数据、农作物生长情况等。

数据分析与预测：运用数据分析技术，对农业大数据进行挖掘，提取有用的信息，进行生产预测、病虫害风险评估等。

决策支持系统：基于大数据分析的结果，建立决策支持系统，为农民和决策者提供科学的生产管理建议。

（二）农业物联网技术发展

农业物联网技术的发展是通过连接农业设备、传感器和信息系统，实现实时监测和智能管理的一种手段。农业物联网技术发展主要涉及：

设备互联与远程控制：将农业设备、传感器等互联，实现实时监测和控制，提高生产效率。

智能灌溉与施肥：利用物联网技术，实现对灌溉和施肥系统的智能化管理，根据实际需求进行精准施肥和灌溉。

追溯与溯源系统：借助物联网技术，建立农产品追溯与溯源系统，提高产品质量和食品安全。

（三）农业智能化与自动化技术

农业智能化与自动化技术是利用先进的信息技术和自动化装备，提高农业生产的智能水平。农业智能化与自动化技术主要包括：

智能农机的应用：使用智能农机械，如智能拖拉机、自动化收割机等，提高农业生产效率。

无人机技术：利用无人机进行农田巡查、植保、监测等，实现农业生产过程的智能化管理。

智能温室与设施农业：运用智能温室和设施农业技术，实现对环境的智能调控，提高农产品质量和产量。

第二节　农村土地支撑体系

一、土地制度改革

（一）农村土地承包经营制度

农村土地承包经营制度是指政府将土地划分为农田，并通过承包的方式将土地使用权授予农民，以促进农业生产的一种制度。农村土地承包经营制度主要包括：

土地承包期限：规定农民承包土地的期限，一般较长，以保障农民的持续经营权益。

承包权利与义务：确定农民承包土地的权利和相应的责任，包括土地的使用、经营、收益等。

土地流转：允许农民将承包的土地进行流转，以实现规模化、集约化经营。

（二）农地征收与补偿政策

农地征收与补偿政策是在土地征收过程中，为保障被征地农民的权益而制定的一系列政策。农地征收与补偿政策主要包括：

征收程序：规定土地征收的程序和条件，确保征收过程合法、公正。

补偿标准：确定对被征地农民的经济补偿标准，包括土地补偿、住房搬迁、就业安置等。

农民参与：强调被征地农民的参与权利，包括信息公开、听证程序等，保障其知情权和参与权。

（三）农村土地集体产权制度

农村土地集体产权制度是指土地归集体所有，集体拥有土地的产权，农民则享有土地的承包使用权。农村土地集体产权制度主要包括：

土地所有权：明确土地属于农村集体所有，强调农民对土地的使用权，但不涉及所有权。

集体决策：强调农民通过集体决策方式参与土地管理、流转等事务，保障农民权益。

政策激励：提供激励政策，鼓励农村集体经济组织发展，提高土地的集体效益。

二、农村土地规划与利用

（一）农村土地规划与布局

农村土地规划与布局是通过合理划分土地用途和空间布局，实现土地资源的高效利用和农村经济的可持续发展。农村土地规划与布局主要包括：

土地用途划分：根据农村经济发展需要，合理划分土地用途，包括农田、村庄建设用地、生态用地等。

空间布局：确定各类土地用途在农村的空间分布，合理规划村庄、农田、林地等资源。

保护与开发：强调对生态环境脆弱区域的保护，同时促进农村经济发展，实现保护与开发的平衡。

（二）土地资源开发与利用规划

土地资源开发与利用规划是为了优化土地利用结构，提高土地资源的开发效益。土地资源开发与利用规划主要包括：

资源评估：对农村土地资源进行评估，包括土地质量、水资源、气候等，为规划提供科学依据。

合理利用：制定土地利用规划，明确土地的合理利用方式，推动农业现代化和农村产业升级。

环境保护：强调在土地资源开发中，要充分考虑环境保护，防止过度开发导致的生态问题。

（三）农村土地节约集约利用

农村土地节约集约利用是为了在有限的土地资源下实现更高产出和效益。农村土地节约集约利用主要包括：

节约用地：通过技术手段和管理措施，减少土地的不合理占用，提高土地利用效率。

集约经营：推动农村土地的集约经营，采用高效的农业生产模式，提高农业产值。

科技支持：利用先进技术手段，如智能农机、精准农业等，提高土地利用的科技含量。

三、农村土地承包经营权流转

（一）承包经营权流转政策

农村土地承包经营权流转政策是为了推动农业现代化和提高土地利用效率而制定的一系列政策。承包经营权流转政策主要包括：

流转条件：规定土地承包经营权流转的条件，包括农民意愿、土地规模、流转用途等。

权益保障：明确承包方和流转方的权益保障措施，防止农民权益受损。

税收政策：制定相关税收政策，鼓励土地流转，提高农业生产效益。

（二）农村土地经营主体

农村土地经营主体是指在农业生产中承担主体责任的组织或个人。农村土地经营主体主要包括：

农业企业：鼓励农业企业参与土地经营，推动农业产业化和规模化经营。

农业合作社：支持农业合作社发挥组织优势，推动农民集体经济发展。

农民专业合作社：鼓励农民成立专业合作社，实现资源共享、风险共担。

（三）农地流转市场建设

农地流转市场建设是为了形成规范、有序的土地流转市场，促进土地资源的高效配置。农地流转市场建设主要包括：

市场规则：制定和完善土地流转市场的规则，建立流转的交易制度，保障市场的公平和透明。

信息服务：提供土地流转信息服务平台，帮助流转双方获取准确的市场信息。

政府引导：通过政策引导，促进土地流转市场的健康发展，避免不正当竞争和恶性竞价。

四、土地生态环境保护

（一）农田生态环境保护政策

农田生态环境保护政策是为了维护农田生态平衡，防治土地退化和污染而制定的一系列政策。农田生态环境保护政策主要包括：

农田禁养区：划定农田禁养区，限制对特定区域的农业开发，保护生态环境。

生态补偿：建立生态补偿机制，对采取环保措施的农民给予一定的经济奖励。

环保技术推广：推广环保农业技术，减少农业对生态环境的不良影响。

（二）农田水土保持与生态修复

农田水土保持与生态修复是为了防止水土流失、改善土地质量，以及修复受损生态系统而采取的一系列措施。农田水土保持与生态修复主要包括：

梯田工程：在适宜的区域实施梯田工程，减缓水流速度，保护土壤。

植被恢复：通过植被的恢复和植树造林，改善土地生态环境。

水土保持设施：建设水土保持设施，如防护林、沟渠、堤坝等，减少水土流失。

（三）农田环境监测与治理

农田环境监测与治理是为了实时监测农田生态环境状况，及时发现问题并采取治理措施。农田环境监测与治理主要包括：

环境监测体系：建立农田环境监测体系，实时监测土壤质量、水质等环境指标，提供科学依据。

问题发现与报告：及时发现农田环境问题，并通过报告机制向相关部门汇报，促使及时处理。

治理措施：针对监测结果中发现的问题，制定并实施相应的治理措施，修复受损的土地生态系统。

第三节　农村金融支撑体系

一、农村金融机构

（一）农村合作金融机构

农村合作金融机构是指在农村地区提供金融服务的合作性金融机构，通常由农民、农村居民和合作社等共同出资组建。农村合作金融机构主要包括：

农村信用社：作为农村金融的基础组织，提供储蓄、贷款、结算等基本金融服务。

农村合作银行：由农村居民和农业合作社等共同出资组建，开展银行业务，支持农村经济发展。

（二）农村商业银行

农村商业银行是在农村地区设有业务机构的商业银行，主要面向农村居民和农业企业提供金融服务。农村商业银行的服务范围更广泛，包括个人贷款、企业融资等。

（三）农村信用社

农村信用社是一种以服务农村居民和农业经济为主要目标的金融合作组织，它的本质是信用合作社。农村信用社的服务对象主要是农户和小农业企业，提供储蓄、贷款、支付结算等金融服务。

二、农村金融产品创新

（一）农村金融产品类型

农村金融产品创新是为了满足农民和农业经济的多样化金融需求而进行的产

品开发和创新。农村金融产品创新主要包括：

农业贷款：面向农业生产的贷款产品，包括用于购买农资、农机具等的生产贷款。

农民保险：针对农民的保险产品，覆盖农业生产、农产品销售等方面的风险。

农村信用卡：提供给农村居民的信用卡服务，方便支付和消费。

（二）农村金融服务创新

农村金融服务创新是通过引入新的服务模式和技术手段，提升农村金融服务的效率和便利性。农村金融服务创新主要包括：

移动金融：利用移动互联网技术，为农村居民提供在线银行、支付等金融服务。

线上贷款：通过互联网平台，简化农村贷款流程，提高贷款的审批效率。

金融教育：提供金融知识培训，提高农民对金融产品的理解和使用能力。

（三）农村金融科技应用

农村金融科技应用是指通过先进的科技手段，提升农村金融机构的服务水平和效能。农村金融科技应用主要包括：

区块链技术：提高金融交易的透明度和安全性，防范金融风险。

人工智能：用于风险评估、客户服务等方面，提高金融服务的智能化水平。

大数据分析：通过分析农村经济数据，更好地了解客户需求，优化金融产品和服务。

三、农业保险体系建设

（一）农业保险政策与制度

农业保险政策与制度是国家为农民提供风险保障而制定的政策和法规。农业保险政策与制度主要包括：

政府支持：提供政府财政资金支持，鼓励发展农业保险，降低农民的风险。

保险制度：确定农业保险的制度和运作规则，明确保险责任和赔偿方式。

风险评估：进行农业灾害风险评估，科学确定保费水平，确保保险市场的稳定运作。

（二）农业保险产品创新

农业保险产品创新是为了更好地适应农业生产的特点，提供全方位的保险保障。农业保险产品创新主要包括：

农业大病保险：针对农作物遭受重大病害的情况，提供相应的保险保障。

农业收入保险：以农民的经济收入为保障对象，覆盖因自然灾害、市场波动等原因导致收入减少的情况。

农业气象保险：针对气象灾害风险，如干旱、洪涝等，提供相应的保险产品。

（三）农业灾害风险评估与防范

农业灾害风险评估与防范是为了提前识别潜在风险，采取措施减轻灾害对农业生产的影响。农业灾害风险评估与防范主要包括：

灾害风险评估：利用气象、水文等数据，对农业灾害风险进行科学评估，提前预警。

防灾减灾措施：制定并实施农田防旱、防洪、防风等措施，减轻灾害的冲击。

科技支持：运用现代科技手段，如遥感、无人机等，加强对农业灾害的监测和预测。

四、农村信用体系

（一）农村信用信息系统建设

农村信用信息系统建设是为了搜集和管理农村信用信息，建立农村信用数据库，提供信用查询和评估服务。农村信用信息系统建设主要包括：

信用信息采集：搜集农村居民、农业企业等的信用信息，包括信贷记录、经营状况等。

信息共享：建立信息共享平台，促进各个金融机构之间的信息共享，提高信用数据的覆盖面。

信用评估模型：利用数据分析和建模技术，构建信用评估模型，为农村居民提供更准确的信用评估。

（二）农村征信机构与合作

农村征信机构是专门负责搜集、管理和提供农村信用信息的机构。农村征信机构与合作主要包括：

建设合作网络：与各级金融机构、农村合作社等建立合作关系，形成覆盖面广的信用信息网络。

信息共享协议：与合作方签署信息共享协议，确保信息的安全、合法流动。

技术支持：利用先进的信息技术，提高农村征信系统的运行效率和数据处理能力。

（三）农业信用担保体系

农业信用担保体系是通过设立信用担保机构，提供对农村居民和农业企业的信用担保服务。农业信用担保体系主要包括：

信用担保机构：设立专门的信用担保公司或合作社，为农村居民提供信用担保服务。

担保方式：采取信用担保、质押担保等方式，增加贷款的可信度。

政策支持：政府提供相关政策支持，鼓励发展农业信用担保体系，降低农民融资的风险。

第四节　农村人才支撑体系

一、农村人才培养与引进

（一）农村人才培训计划

农村人才培训计划是为了提高农村居民的综合素质，培养适应现代农业发展需要的各类人才。农村人才培训计划主要包括：

职业培训：针对不同的农业岗位，制定培训计划，提升农民的职业技能。

创业培训：为有创业意愿的农民提供相关的创业培训，增强其创业能力。

农村青年培训：关注农村青年群体，培养他们成为农村未来的骨干力量。

（二）农业科技人才引进政策

农业科技人才引进政策是为了吸引优秀的科技人才投身农业领域，推动农业科技创新。农业科技人才引进政策主要包括：

人才计划：设立农业科技人才引进计划，明确引进的人才需求和条件。

政策优惠：提供引进人才的生活、住房等方面的政策支持和优惠条件。

科研资金：给予引进人才一定的科研资金支持，促进其在农业科技领域取得突破性成果。

（三）农村留守人才培养与支持

农村留守人才培养与支持是为了发掘和培养农村留守人才，充分发挥他们在农村发展中的作用。农村留守人才培养与支持主要包括：

培训计划：针对农村留守人才的实际需求，制定培训计划，提高其专业技能。

创业支持：对有创业意愿的农村留守人才提供创业支持，包括资金、政策等方面的支持。

社区服务：发挥农村留守人才在社区建设、服务等方面的积极作用，提高其社会参与度。

二、农村人才评价与激励机制

（一）农村人才评价体系

农村人才评价体系是为了科学评价农村人才的贡献和能力水平，为其提供相应的激励和发展机会。农村人才评价体系主要包括：

综合评价：通过考核农村人才在农业生产、科研创新、社区服务等方面的表现，进行综合评价。

专业评价：针对不同领域的农村人才，建立相应的专业评价标准，确保评价的针对性和公正性。

社会评价：考虑农村人才在社会中的声誉和影响力，充分体现其社会价值。

（二）农村人才激励政策

农村人才激励政策是为了激发农村人才的积极性，提高其投身农业事业的热情。农村人才激励政策主要包括：

奖励制度：建立奖励机制，对在农村发展中取得突出贡献的人才进行奖励，包括物质奖励和荣誉奖励。

职称评定：设立农村人才的专业职称体系，为其提供晋升和发展的机会。

职业发展：提供良好的职业发展通道，鼓励农村人才在农业科技、管理等领域取得更高的职业成就。

（三）农村人才奖励与荣誉制度

农村人才奖励与荣誉制度是为了在社会上树立榜样，激励更多人投身农业事业。农村人才奖励与荣誉制度主要包括：

人才奖项：设立各类农村人才奖项，包括年度杰出人才、优秀科技工作者等奖项。

名誉荣誉：名誉荣誉授予农村人才各类荣誉称号，如农业领军人物、村级荣誉等。

表彰大会：定期举办农村人才表彰大会，集中表彰一定时期内取得杰出成就的人才。

三、农村人才流动与共享平台

（一）农村人才流动机制

农村人才流动机制是为了促进农村人才在不同地区、不同领域之间的流动，充分发挥其专业特长。农村人才流动机制主要包括：

信息平台：建立农村人才信息平台，提供职位信息、培训机会等，方便人才获取流动信息。

政策支持：提供政策支持，鼓励农村人才在不同地区、企业间流动，享受相应的优惠政策。

跨领域合作：鼓励农村人才跨领域合作，促进不同领域间的技术和经验交流。

（二）农村人才共享平台建设

农村人才共享平台建设是为了实现农村人才资源的共享和整合，提高人才利用效率。农村人才共享平台建设主要包括：

人才数据库：建立农村人才数据库，收集各类人才信息，为用人单位提供参考。

技术资源共享：构建农村人才技术资源共享平台，方便各方共享专业技术资源。

培训资源整合：整合培训资源，建立农村人才培训平台，提供多样化的培训服务。

（三）农村人才资源整合与配置

农村人才资源整合与配置是为了更好地匹配人才与需求，实现人才的优化配置。农村人才资源整合与配置主要包括：

需求调查：调查农村各地区、企业对人才的需求情况，为人才配置提供依据。

专业匹配：根据需求和人才的专业特长，进行精准匹配，确保人才与岗位的高度契合。

政策支持：提供政策支持，鼓励用人单位与农村人才合作，推动人才的跨区域配置。

四、农业科技人才与农民培训

（一）农业科技人才培训计划

农业科技人才培训计划是为了提升农业科技人才的水平，促进农业科技创新。农业科技人才培训计划主要包括：

前沿科技培训：针对农业科技的前沿领域，制定培训计划，提高科技人才的专业水平。

团队合作培训：强调团队协作，培养农业科技人才具备团队合作和项目管理的能力。

实践培训：安排实地实践，使农业科技人才能够将理论知识应用到实际生产中。

（二）农民职业培训与技能提升

农民职业培训与技能提升是为了提高农民在农业生产中的技能水平，增强其就业竞争力。农民职业培训与技能提升主要包括：

农业技术培训：针对不同农业生产环节，提供相关技术培训，使农民熟练掌握现代农业技术。

农产品加工培训：培训农民农产品加工技能，拓展其就业领域，增加收入来源。

农村企业管理培训：针对农村企业和合作社管理人员，提供相关管理培训，提高其组织和管理水平。

（三）农村科技知识普及活动

农村科技知识普及活动是为了将先进的科技知识传递给广大农民，提高他们的科技知识水平。农村科技知识普及活动主要包括：

科普讲座：组织专家开展农业科技知识普及讲座，向农民介绍新的农业技术和管理方法。

示范田地：在农村设立示范田地，展示先进的农业种植和管理技术，供农民学习借鉴。

科技宣传推广：利用各类媒体和社交平台，进行农村科技知识的宣传推广，提高农民对新技术的认知和接受度。

参考文献

[1] 杜润生 . 中国农村改革发展论集 [M]. 北京：中国言实出版社，2018.

[2] 高志强，兰勇 . 家庭农场经营与管理 [M]. 长沙：湖南科学技术出版社，2017.

[3] 黄会祯 . 新农村农产品流通知识问答 [M]. 石家庄：河北科学技术出版社，2015.

[4] 雷俊忠，饶开宇等 . 农业产业化经营研究 [M]. 成都：电子科技大学出版社，2008.

[5] 李滨涛 . 新农村金融知识问答 [M]. 石家庄：河北科学技术出版社，2017.

[6] 李笑 . 农村干部依法治村管理实务 [M]. 北京：中国法制出版社，2018.

[7] 李雪莲，李虹贤，郭向周 . 现代农村经济管理概论 [M]. 昆明：云南大学出版社，2020.

[8] 孙智君 . 民国产业经济思想研究 [M]. 武汉：武汉大学出版社，2007.

[9] 汪发元，王文凯 . 现代农业经济发展前沿知识和技能概论 [M]. 武汉：湖北科学技术出版社，2010.

[10] 杨建良 . 农业经营管理 [M]. 石家庄：河北科学技术出版社，2013.

[11] 杨林，秦宏 . 现代农业视域下农村区域经济发展的路径选择 [M]. 青岛：中国海洋大学出版社，2012.

[12] 赵一夫，周向阳，薛莉 . 两岸农业产业比较研究 [M]. 天津：南开大学出版社，2017.

[13] 周文夫，彭建强 . 农村现代化问题研究 [M]. 石家庄：河北人民出版社，2017.